DOUX COMMERCE?
REFLEXIONES SOBRE LA DESPOLITIZACIÓN ECONOMICISTA LIBERAL

Alejandra Martínez Cánchica

DOUX COMMERCE?
REFLEXIONES SOBRE LA DESPOLITIZACIÓN ECONOMICISTA LIBERAL

PRÓLOGO
Juan Carlos Valderrama Abenza

EDICIONES EJV INTERNATIONAL
2024

©   ALEJANDRA CAROLINA MARTÍNEZ CANCHICA

e-mail: alejandramartinez@ufm.edu

ISBN 979-8-89480-632-7

Impreso por: Lightning Source, an INGRAM Content company
para: Editorial Jurídica Venezolana International Inc.
Panamá, República de Panamá.
Email: ejvinternational@gmail.com

Portada por: Alexander Cano

Diagramación, composición y montaje
por: Mirna Pinto de Naranjo, en letra Times New Roman 14,
Interlineado sencillo, mancha 12,5x19

Dedicado a mis amigos liberales, de quienes he aprendido las ideas sobre cómo las sociedades pueden ser más libres y prósperas, y también a mis amigos políticos, junto a quienes he padecido la cruda realidad del poder desnudo.

ÍNDICE

PREFACIO Jerónimo MOLINA CANO 11

PRÓLOGO Juan Carlos VALDERRAMA ABENZA 17

REFLEXIÓN PRELIMINAR Y DECLARACIÓN DE PRINCIPIOS... 27

APROXIMACIÓN A LA DESPOLITIZACIÓN ECONOMICISTA DE LAS ÚLTIMAS DÉCADAS..... 33

CAPÍTULO I

LA TEORÍA DEL *DOUX COMMERCE* Y LA PACÍFICA SOCIEDAD COMERCIAL 43

CAPÍTULO II

LIBERALISMO TRISTE, O EL PESO DE *LO POLÍTICO*.. 55

CAPÍTULO III

REALISMO POLÍTICO: LA 'ROCA MUDA' Y LA 'IMAGINACIÓN DEL DESASTRE' 69

CAPÍTULO IV

NEUTRALIZACIONES Y DESPOLITIZACIONES: BREVE HISTORIA DEL ESTADO COMO FORMA HISTÓRICA DE *LO POLÍTICO* 79

CAPÍTULO V

EL LIBERALISMO ECONOMICISTA: ¿DESPOLITIZADOR O SOBREPOLITIZADOR? LOS PELIGROS DE UN ESTADO ECONÓMICO TOTAL 111

CAPÍTULO VI

LOS VIOLENTOS MEDIOS DE LA SOCIEDAD INDUSTRIAL Y LA DESPOLITIZACIÓN ECONOMICISTA 135

CONCLUSIONES

HACIA UN LIBERALISMO NO IDEAL, SINO POSIBLE 149

EPÍLOGO 155

REFERENCIAS 157

PREFACIO

El *realismo político*, objeto, en último análisis, de este libro, consiste en la imaginación del desastre. No se trata, por tanto, de una "rama" de la ciencia política, mucho menos hoy, pues en buena medida anda extraviada en el mar sin orillas de la sociología política.

Explica Julien Freund que "actuar políticamente es actuar en función de lo peor posible", pues "solo quienes se ponen en lo peor están facultados para exorcizar el peligro y triunfar". El resistente lorenés Julien Freund, filósofo político y sociólogo, de algún modo *magister ex lectione* de Alejandra MARTÍNEZ CÁNCHICA, baqueteado por una dura experiencia personal en los años de la Segunda Guerra Mundial y la inmediata posguerra, *sabe lo que dice*. Su activismo político e ideológico de joven socialista resulta brutalmente desacreditado, apenas transcurridos unos meses desde la victoria aliada, precisamente por su "experiencia". La experiencia es la clave de la acción política exitosa y asimismo de toda meditación sobre lo político, sin descuidar el azar, "concepto metapolítico", como señala Dalmacio Negro, historiador del Estado de cuyo magisterio se hace también eco *ultra maris* la autora de este ensayo. La utopía política o el idealismo que reniega de la humana condición es incompatible con una visión metapolítica, actitud desinteresada y antiutilitaria, en cierto modo "olímpica", que contempla con extraordinaria familiaridad y humildad "la experiencia milenaria de los hombres". Al hombre experimentado no le aprovechan las fantasías ni los ensueños, sino la aventura –acaso siempre *interior*– y la mundología. ¿A dónde irá un político que no sea un *hombre de mundo*, que no *mundano* o frívolo (*mondain*)? Decía Luiz de Camões al final de *Lusíadas* que la milicia, a estos efectos *la política*, "não se aprende senhor, na phantasia, sonhando, imaginando ou studando; senão vendo, tratando e pelejando".

Contemplar, pues, la situación, *fríamente* y medir la relación de fuerzas es el precepto político fundamental. Se trata, llegado el caso infausto, de "aceptar sosegadamente el horror". Esta es, a juicio de Jean Giono, la gran lección *maquiaveliana* de Maquiavelo. O la de su amigo y confidente Guicciardini, para quien en política no hay más cera que la que arde: la única actitud que permite "alcanzar el Paraíso es conocer el camino del Infierno para apartarse de él". Solo puede evitar el infierno quien conoce su senda, el camino de la perdición, de antemano. Saavedra Fajardo, un *maquiaveliano antimaquiavelista*, ha escrito algo muy parecido, inspirado por una experiencia diplomática que le permite leer la gramática política, aparentemente banal: "A quien pensó lo peor no le hallan desprevenido los casos, ni le sobreviene impensadamente la confusión de sus intentos frustrados" (*Idea de un príncipe político cristiano,* empresa 29). A la autora de este libro no le sorprenderá la sólita coincidencia de criterio que sobrevuela los siglos, federando en un mismo linaje a los grandes escritores políticos. La regla de prudencia freundiana –*envisager le pire*– no es una deducción científica o lógica, sino una evidencia abrumadora.

El realismo político es un *saber declarativo*, como la jurisprudencia medieval, que no *crea* el derecho, sino que lo descubre en el *ethos* de la comunidad política. Los conceptos políticos o, como más acertadamente expresa la idea Gianfranco

Miglio, las *regularidades de lo político* (*regolarità*), son un parvo repertorio de evidencias. El saber político no es otra cosa que un comentario sobre esas "banalidades superiores y olvidadas" (Julien Freund *dixit*). Diríamos, dándole la vuelta a lo que dice Antonio Machado de los "universales del sentimiento", que se trata de la "voz viva" que el escritor realista presta a los "ecos inertes" del pasado. Estos "trascendentales del pensamiento", "verdades parciales de lo político", no tienen, por cierto, derechos de autor. Solo un espíritu entre romántico e infantil, acaso también un profesor patentado, pero sin experiencia de la vida, puede pretender que le corresponde algún tipo de *copyright* sobre la distinción amigo-enemigo, la ley de hierro de las oligarquías o el enunciado de que todo gobierno es oligárquico... o cualquier otro patrón metapolítico entre los recogidos por Carlo Gambescia en su reciente *Trattato di metapolitica*. Este sociólogo italiano, por cierto, como podrá comprobar el lector, ha encontrado en Martínez Cánchica una aguda lectora y una prescriptora intelectual de primer orden.

Quien se acerque a este libro sin prejuicios ideológicos (liberales o antiliberales) "verá", sin necesidad de mediación, la estrecha relación que enlaza mi definición elemental o "atómica" del realismo político (la "imaginación del desastre") con expresiones como "liberalismo triste" o "liberalismo árquico", términos acuñados por Gambescia en la década pasada y que, por cierto, han ido haciendo su propio camino en el mundo hispánico. En efecto, no todo el pensamiento político liberal es un pensamiento antipolítico, tesis central de este libro.

Distingue MARTÍNEZ CÁNCHICA el liberalismo estatista del propiamente liberal —en la línea, con toda seguridad, de la dicotomía dalmaciana liberalismo *realista* y liberalismo *político*–. El liberalismo estatista es la ocasión de una perturbadora politización de la economía. Paradójicamente, la despolitización liberal, mayormente por la vía de una "neutralización economicista de la política", es causa de una no menor "sobrepolitización". Pues política y economía resultan vasos comunicantes y el economicismo rampante del *Austrian Economics* acaba desbordado por una política apócrifa.

La vindicación desinteresada y antiutilitaria de un liberalismo *político*, en la mejor tradición de la filosofía política, da acceso al mapa de las inquietudes intelectuales de la autora: la leyenda de un liberalismo neutral y políticamente agnóstico, incompatible con la expansión europea del siglo XIX; la estrecha relación entre Estado y capitalismo y entre ambos conceptos "históricos" y la economía de mercado; el ordoliberalismo, la versión más ajustada, probablemente, a lo que en estas páginas se entiende por liberalismo no despolitizado, un liberalismo "consciente de lo político"; la relevancia de la política social; el mito de la potencia pacificadora del comercio y del librecambio; la advertencia *política*, formulada por MARTÍNEZ CÁNCHICA con la naturalidad de un avezado realista, de que "el socialismo no es un problema de mala educación económica", sino, más bien, de mala educación política de los liberales; etc. De todo ello se puede deducir un corolario político de un laconismo y una verdad insuperables: "El liberalismo fracasa *porque abandona la política*".

"Cada libro es un cuaderno de bitácora", escribía Carl Schmitt en una nota preliminar a la cuarta edición de su famosa conferencia de Kiel (1941) sobre el gran espacio y el concepto de imperio en el derecho internacional. Pues, añadía a continuación, "somos marineros en una travesía sin escalas". Las circunstancias políticas, venturosas o infaustas, condicionan existencialmente el ejercicio de la razón política, lo cual no quiere decir que sus logros, los logros de la razón, vengan determinados incondicionadamente por la *situación*. No se trata de *explicar por*, sino de tener presente que nadie elige el régimen político en cuyo contexto se despliega la inteligencia política. En este sentido, la punzante verdad parcial sobre (una de) las causas del fracaso del liberalismo en Hispanoamérica, codificada por MARTÍNEZ CÁNCHICA, tiene una atmósfera y un contexto: la de la insoportable tiranía *novus modus* inaugurada en Venezuela por el *chavismo*.

Jerónimo MOLINA CANO

Doctor en Derecho por la Universidad Complutense
Doctor en Filosofía por la Universidad de Coímbra
Decano de la Universidad de Murcia
Académico correspondiente de la
Real Academia de Ciencias Morales y Políticas

PRÓLOGO

"Nuestras libertades se definen a la vez gracias al Estado y contra él". Lo decía Raymond Aron en su última conferencia en el Collège de France hace casi cincuenta años, en 1978. Una contradicción sólo aparente que permite entender el delicado equilibrio en que se mueve la mentalidad liberal, en permanente tensión entre extremos que se oponen mutuamente pero que tienen en la existencia del otro su propia condición. Efectivamente, durante siglos hemos concebido nuestras libertades como una resistencia frente a los abusos de un poder que, dejado a su propia inercia, tendería de forma natural al despotismo. Y, sin embargo, al mismo tiempo esperamos del Estado que garantice esas libertades, ya que privadas de protección jurídica no pasarían de ser una mera declaración formal.

La convicción de lo delicado de este difícil equilibrio forma parte de la tradición liberal occidental. Poco importan las diferencias de sus posturas ideológicas particulares, los liberales clásicos tenían en común el convencimiento de que además de un peligro para otros, el poder es el mayor peligro también para el poder mismo, en la medida en que pudiera degradarse en cualquier dirección, tanto por defecto como por exceso, anárquica o hipercráticamente, desnaturalizándose en cualquiera de ambos casos. Por eso la importancia para todos ellos de someterlo a control, pero no necesariamente limitándolo en el sentido, luego frecuente, de una despolitización gradual de la vida social. Todos estaban de acuerdo en que, como cualquier otro, el *ethos* liberal requería de un marco de instituciones que pudieran darle vigencia en el orden práctico. Y no solo privadas, sino instituciones públicas también. No se trataba de una simple desconfianza hacia el poder hecha doctrina. El liberalismo entrañaba igualmente una visión sustantiva de la vida que servía de criterio para calibrar la desorientación de las instituciones respecto de sus fines. Una visión de la vida en la que la política, pues, no estaba ni mucho menos ausente. No eran indiferentes, en efecto, a un ideal político de "vida buena", cuyas virtudes iban a resultar esenciales para el mantenimiento de las instituciones liberales una vez se consumase la erosión del espíritu del antiguo régimen. También ahora las instituciones estaban llamadas a ser un elemento civilizador decisivo de las libertades individuales, que así podrían abrirse a los asuntos comunes sin la mediación exclusiva del interés particular. Claro que, una vez puesta en marcha, la erosión se hizo imparable, y acabó alcanzando con toda lógica a ese ideal también, con la consiguiente crisis de las instituciones, no por incumplimiento de los principios liberales precisamente, sino, como ha explicado recientemente Patrick J. Deneen (*Why Liberalism Failed?*), por haberlos cumplido demasiado bien. El germen neutralizador estaba inoculado desde el primer momento en el impulso revolucionario del liberalismo. El indiferentismo político no sería la primera de sus formas, pero era cuestión de tiempo que al final del recorrido, neutralizadas ya la religión, la metafísica, la moral, etc., como explicaba Schmitt, recalara también en la política el afán neutralizador como mecanismo para el equilibrio social, en beneficio de la alianza histórica entre producción y técnica, paradigma por antonomasia de la neutralidad.

DOUX COMMERCE?
REFLEXIONES SOBRE LA DESPOLITIZACIÓN ECONOMICISTA LIBERAL

Antes que las ideas, lo que frenó la potencia política del primer liberalismo fue el desarrollo de la "cuestión social" en la Europa de la primera mitad del siglo XIX. Hechizados por las expectativas eudemonistas del progreso técnico y sus implicaciones económicas, buena parte del liberalismo continental centró su interés predominantemente en la defensa de los derechos de propiedad y de libre concurrencia, a espaldas del Estado nacional que sin embargo él mismo se había encargado de instaurar por todo el suelo europeo tiempo atrás. La hora política del liberalismo se desplazaba sin remedio hacia las *res novae* del tardoindustrialismo, punto de engarce entre los dos grandes centros espirituales del mundo contemporáneo —mercado y Estado— cuya interdependencia hizo de "lo social" nueva *ratio status* de las sociedades de masas. Solo la síntesis de ambos nos permite entender la compleja taxonomía de los problemas políticos del último siglo y medio, cuando el Estado, abriendo una nueva fase en su misión aseguradora —de la *seguridad física* a la *seguridad social*— hacía de las condiciones biofísicas de la vida individual materia preferente del ejercicio del poder, con la consecuencia obvia del enorme grado de infiltración en todos los recovecos de la vida. Socialistas y liberales, si es que estos términos tuvieran un significado claro que pudiera no obligarnos ahora a un sinfín de matizaciones, canalizaron la división de los espíritus en torno a esa potencia estatal completamente inédita en la historia: o reprimir la política al máximo posible confiando en la capacidad civilizadora de las actividades económicas por sí mismas, o reforzar, por el contrario, la interferencia burocrática estatal en la resolución de las tensiones sociales mediante la intervención legislativa o la administración directa.

Toda una pléyade de autores comenzaba a alinearse entonces en una lectura de los hechos carente en muchos casos de sentido político, algo que a la postre resultará fatal. Es el "liberalismo riente" (*ridens*) del que hablaba no hace mucho Carlo Gambescia en un jugoso libro, *Liberalismo triste*, muy presente en los capítulos que aquí siguen: un liberalismo doctrinario, despolitizado y satisfecho; irenista también, orgulloso de haber hallado supuestamente el secreto para la domesticación de los conflictos sociales al reducirlos en todas sus formas a simple competencia. Es su talón de Aquiles, la piedra de escándalo en que tropieza este irenismo comercial: el conflicto y, naturalmente, la guerra. Porque ahí fuera no hay competidores siempre. A veces los antagonismos se transforman –y esta posibilidad permanece siempre abierta– en enemistad, y al respecto no caben soluciones apriorísticas. Cuando entra en escena el enemigo, instaura consigo una situación que, se mire por donde se mire, no se puede superar más que provisionalmente y siempre mediante arreglos, la intervención de la decisión, el uso de la fuerza, y llegado el momento, la voluntad de alcanzar acuerdos: no cabe ninguna otra "solución". Conviene no menospreciar, por eso, el momento político que instaura el conflicto; sigue siendo ese "momento de las veras" que pone al descubierto el corazón de las cosas (C. Schmitt).

Sin embargo, por momentos la historia parecía avalar el optimismo ilustrado del "comercio dulce" (*doux commerce*), una suerte de concepción farmacológica de la economía que anclada en las filosofías de la historia desplegadas en su día por la fisiocracia, las ideologías del progreso y el desarrollismo sansimoniano, ha hecho valer en su favor el éxito sin contestación de la economía de libre mercado a escala mundial y la extensión de la democracia de partidos como forma canónica de configuración del Estado.

DOUX COMMERCE?
REFLEXIONES SOBRE LA DESPOLITIZACIÓN ECONOMICISTA LIBERAL

Algo de ceremonia de triunfo tuvo ciertamente el repicar de las mazas sobre el Muro de Berlín (1989), cuya caída alumbraba para algunos felizmente "el fin de la historia" (F. Fukuyama). Parecía abrirse entonces un nuevo tiempo en la cultura política, cuyo sino había glosado bastantes años antes, por cierto, Gonzalo Fernández de la Mora en *El crepúsculo de las ideologías* (1965): un cambio de rumbo por el que la administración técnica tomaría ventaja sobre la decisión política y la razón impersonal sobre la pasión de las ideologías. "El gobierno –decía– es ya una cosa demasiado seria y difícil como para dejársela a los ideólogos". Tanto en la derecha como en la izquierda se abrían paso, victoriosos, la tecnocracia y el centrismo gerencial, que parecían confirmar la superación de la política por la racionalidad en la gestión, "una suerte de teología económica materialista e irenista", como destaca la autora, presuntamente capaz de hacer progresar a la humanidad sin los límites que impone la política. Como si el comercio no siguiera siendo todavía hoy uno de los *casus belli* más determinantes en las relaciones internacionales. Piénsese, si no, en la estrategia de control de las rutas comerciales euroasiáticas por China (el *One Belt-One Road* de Xi Jinping) o la "guerra por los datos" en el espacio digital, por citar solamente dos manifestaciones contemporáneas de cómo también el comercio y la revolución tecnológica, tomadas inicialmente como mecanismos moderadores de la soberanía política, pueden contribuir al desequilibrio de fuerzas en el escenario internacional e incrementar de forma exponencial la capacidad de control de la población por los Estados.

El desarrollo de los acontecimientos en lo que llevamos de siglo ha ido desmontando sin remedio buena parte de las ilusiones de aquel "fin de la historia". Quizá sea irreversible su fase crepuscular, pero aún gozan las ideologías de una mala salud realmente envidiable. Los sistemas se marchitan, pero han dejado una huella muy profunda en las almas. Vivimos todos inconscientemente entre personas ideologizadas que quizá no profesen una fe inquebrantable en posición alguna, pero que han incorporado el sedimento de los antiguos sistemas a su comportamiento ordinario, tanto en la izquierda como en la derecha. Lejos de disiparse, los grandes relatos que enconaron los conflictos del pasado siglo se han metamorfoseado en nuevas versiones fragmentarias de un dogmatismo implacable, al tiempo que las viejas religiones profanas continúan persuadiendo los espíritus con un empuje casi inimaginable hace treinta años, bajo nuevas formas populistas de ejercicio del poder. El orden mundial derivado de esa metamorfosis tras 1989, como advertirá enseguida MARTÍNEZ CÁNCHICA, ha comenzado a mostrar sus costuras y no permite imaginar esa superación de la política que soñaron algunos.

Es verdad que la ideología, cuyo poder de penetración en las membranas de la vida sobrepasó todo límite, había llevado al paroxismo el papel de la política, corrompiéndola mediante la hipertrofia de su sentido y tarea. No todo es política, evidentemente. La política tiene una misión mucho más modesta. Viene a ser en realidad "como la piel de todo lo demás", según la célebre imagen de Ortega y Gasset que más adelante hizo suya Julien Freund en *La esencia de lo político*. Nada que ver con el *politique d'abord!* del que se sirvieron los ideólogos del siglo XX para poner por obra las utopías creadas en los laboratorios intelectuales del XIX. No hay más política, de hecho, donde el poder se hace más denso, sino donde cumple simplemente su función dentro de los límites que le resultan propios. Ni más ni menos. Comprobará el lector que se trata de una de las ideas recurrentes en estas páginas, herencia de una visión *realista* que no pide a la política demasiadas cosas –toda sobrepolitización en el fondo es una despolitización– pero tampoco la exonera de su responsabilidad para cargarla sobre otros. Como la economía, por ejemplo. O el derecho.

Pero desideologizar no implica despolitizar, como tampoco la máxima contención jurisdiccional posible del Estado, en un sentido básicamente dietético, justifica la demanda, por otra parte, dudosa, de abolición de *lo político* sin más, en la clave anárquica de un Rothbard. ¿Acaso el fin de las ideologías arrastrará a la política consigo? En realidad, la desideologización es un paso obligado para todo lo contrario, la recuperación del sentido de la política como actividad específica en el conjunto de la vida humana, junto a la economía, la ciencia, la religión, etc. Desideologizarla no tendría por qué hacerla saltar por los aires, sino que permitiría más bien restaurarla. De lo que se trata es justamente de eso, *repolitizarla*; dejar que la política sea lo que está llamada a ser, sin asimilarla a los fines de cualquier otra esfera ni endosarle una misión perfectiva que, en la mayor parte de los casos, no es más que un pretexto para legitimar el uso de cualquier medio en beneficio propio, hasta los más dudosos. Es, quizá, la tarea más ardua a la que se enfrenta hoy el pensamiento político tras el impulso neutralizador que ha definido la historia de las formas del Estado en los últimos siglos, desde el triunfo del absolutismo en el arranque de la Modernidad a las últimas derivaciones biopolíticas del Estado "Minotauro", un "Estado de bienestar biologizado", como dice Dalmacio Negro, empeñado en construir desde sí mismo, guiado por el ideal administrativo del Estado social, un "hombre nuevo" y una "sociedad feliz".

Aquí mismo ha encontrado la autora de este brillante estudio, MARTÍNEZ CÁNCHICA, el impulso vital de sus reflexiones, expuestas con extraordinaria lucidez al final de estas páginas con la mirada clavada en la deriva política nacional de Venezuela, su patria, *povera patria*. Mostró Platón en su Carta VII que normalmente es un fracaso práctico lo que estimula la reflexión, y es verdad que pocas cosas impulsan más el juicio político que la experiencia traumática de una idea que se ha querido probar en la fragua de la crisis. Desde luego no es desde la repugnancia hacia la política desde donde cabe confrontar la profunda *impoliticidad* de ciertos modelos políticos, da igual si a norte o sur, al oriente o al occidente del Atlántico, confiando en que la "solución" de los problemas políticos viene de otra parte y nos permite no tener que usar sus mismas armas. Esa repugnancia es el tributo inconsciente con que algunos consagran las ideologías en el poder. Hay que ser conscientes más bien de lo contrario: "una maquinaria con la vocación de poder del chavismo –dice MARTÍNEZ CÁNCHICA–, solo puede ser enfrentada con una intensidad política equivalente". Así es.

En las páginas que siguen, la mirada conservadora clásica de Hamilton, Burke o Tocqueville, se combina con el enfoque realista de Vilfredo Pareto, Gaetano Mosca, Carl Schmitt, Julien Freund, o más próximos en el tiempo, los españoles Dalmacio Negro y J. Molina Cano, cuyas reflexiones, muy frecuentadas por la autora, son de una extraordinaria pertinencia para el intento de comprensión de la situación presente. Son, junto a otros, incluidos también liberales en un sentido clásico y ordoliberales, representantes de ese otro liberalismo *árquico*, *triste* o sencillamente *non ridens*, según dice Gambescia, que se opone a la pléyade despolitizadora del economicismo liberal.

Pocas veces tiene uno ocasión de encontrar expuesta de forma tan sistemática e históricamente fundada esta necesaria revisión política del liberalismo como la que aquí se nos ofrece, con tantísimo interés.

Juan Carlos VALDERRAMA ABENZA

Doctor en Filosofía por la Universidad de Navarra
Profesor Titular de Historia del Pensamiento Político en la
Universidad Cardenal Herrera (Valencia, España)

"*Debo estudiar Política y Guerra para que mis hijos tengan libertad de estudiar Matemáticas y Filosofía. Mis hijos deben estudiar Matemáticas y Filosofía, Geografía, Historia natural, Arquitectura Naval, Navegación, Comercio y Agricultura, para que sus hijos tengan derecho a estudiar Pintura, Poesía, Música, Arquitectura, Estatuaria, Tapicería y Porcelana*".

Carta de JOHN ADAMS a ABIGAIL ADAMS desde París, enviada el 12 de mayo de 1780.

REFLEXIÓN PRELIMINAR Y DECLARACIÓN DE PRINCIPIOS

Un título alternativo para este escrito hubiera sido *¿Por qué ha fracasado (políticamente) el liberalismo?*, el cual partía de un juego de palabras a propósito del sugerente título de la obra del pensador conservador irlandés Patrick J. Deneen, publicada en 2018: *Why Liberalism Failed?* Al año siguiente de haber salido a la luz el libro de Deneen, la economista e historiadora Deirdre McClosskey publicaría *Why Liberalism Works: How True Liberal Values Produce a Freer, More Equal, Prosperous World for All*, a modo de respuesta al primero. En la contestación, McClosskey no dudó en utilizar un arsenal cuantitativo y estadístico del crecimiento económico y del "gran enriquecimiento" que ha traído el sistema de libre mercado al progreso material de la humanidad. Sin embargo, a nuestro juicio, estos argumentos, aunque contundentes, no responden satisfactoriamente al planteamiento de fondo de Deneen. Nadie que se precie de culto pone en duda los logros materiales de la libertad económica en los últimos dos siglos, donde el sistema de *laissez-faire* gana por *knock out* a cualquier otro momento histórico precedente, pero el problema que plantea Deneen es de orden filosófico, no económico. Nosotros agregaremos otro orden a la ecuación: *lo político*, aspecto totalmente desatendido y denostado por los liberales economicistas, creyentes fervientes de las bondades todopoderosas del mercado por encima de cualquier otro orden de lo humano. Sobre esto, indagaremos en las siguientes páginas.

En la historia del pensamiento político, la dicotomía Estado-mercado ha sido el área central de la política, por lo menos desde la Revolución francesa hasta los tiempos presentes. No hay un ámbito de la política contemporánea que no se desprenda de esta discusión en la que los defensores, tanto del Estado como del mercado, buscan subsumir "Estado" y "mercado" en la esfera del otro: bien sea argumentando que uno debe subordinarse al otro como vía para alcanzar el fin colectivo de la igualdad y el bienestar social, como es el caso de los defensores del Estado. O viceversa, en el caso de los defensores a ultranza del mercado, por las consecuencias negativas que acarrea interferir en un orden dado que no es posible planificar racionalmente.

De hecho, este es un tema que aún en la actualidad sigue provocando debates álgidos de todo signo ideológico, principalmente en el seno del liberalismo clásico y en el ordoliberalismo, pero asimismo en los grupos que se denominan libertarios, anarcocapitalistas, paleolibertarios y cualquier otra de sus variantes. Como alguna vez refirió el historiador italiano

Benedetto Croce, "toda historia es historia contemporánea"[1] y también el gran jurista alemán Carl Schmitt al decir que "todo conocimiento histórico es conocimiento de la actualidad; que el conocimiento histórico recibe su luz y su intensidad de la actualidad", analizar la dicotomía Estado-mercado desde la perspectiva inmutable de *lo político*, aún es un tema de interés para filósofos, historiadores y cientistas políticos, pues esta dialéctica entre lo político y lo económico, por mucho, sigue siendo el centro del debate público contemporáneo.

En ese sentido, y con el fin de aventajar al mercado frente al Estado, muchos liberales, libertarios y en su versión extrema, anarcocapitalistas, han hecho del *laissez faire* una suerte de teología económica o religión moral materialista e irenista capaz de hacer progresar la falible naturaleza humana, repitiendo la idea instalada de que el mercado tendría una cualidad civilizadora intrínseca. De algún modo, la teología económica del mercado se funda, como otras teologías seculares, sobre la idea de la perfectibilidad del hombre y el optimismo antropológico.

¿Es esto realmente así? Efectivamente, en casi tres siglos de historia en los que se ha extendido en todo el mundo el comercio y la industria, los países hoy desarrollados han experimentado un enriquecimiento sin precedentes. Sin embargo, como veremos de seguidas, esta prosperidad económica no se ha traducido de ninguna manera en una reducción del conflicto, o mucho menos en una transformación de la naturaleza humana que tienda a la paz y al progreso.

Para entender mejor esta aparente tensión entre Estado y mercado, haremos acopio de la tradición del realismo político y

---

[1] "Every true history is contemporary history", afirma Croce en su libro de 1921, *Theory and history of historiography*.

de esa manera poder situar a ambos polos de la discusión en su justo lugar, entendiéndolos como resultado del mismo proceso histórico de la Modernidad.

Antes de proseguir, es necesario aclarar que de ninguna manera pretendemos solucionar, o mucho menos superar, la tensión Estado-mercado. Eso es lo más alejado de la tradición realista que sabe convivir perfectamente con la falibilidad de la naturaleza humana y con lo irresoluble de la vida en el mundo terrenal. Al realista no le interesa que la realidad cierre en la síntesis perfecta de un sistema filosófico o de una filosofía de la historia; eso más bien es tarea del pensador utópico o del novelista, no de alguien que trata de comprender esa *roca muda* en su cruda desnudez.

En ese sentido, el trabajo más importante del que bebe esta investigación es el famoso epígrafe ocho del libro *El concepto de lo político*, en el que Carl Schmitt hace una crítica al liberalismo en tanto ideología despolitizadora. También, más adelante en la misma obra, abordaremos su ensayo titulado "La era de las neutralizaciones y despolitizaciones", en el que hace un recorrido histórico de cuáles han sido las áreas centrales de la política en la Modernidad, hasta llegar a lo económico como área central o nudo del conflicto político actual, prosiguiendo con una conferencia de Schmitt en 1932, en la que hace un llamado a los líderes empresariales en Düsseldorf, titulada "Strong State. Sound Economy".

Además, nos serviremos de dos ensayos del filósofo francés Julien Freund intitulados "La cuestión social", "Doctrina política, doctrina social y doctrina económica" y un epígrafe denominado "La violencia de los sobrealimentados", que se encuentra en su libro *Sociología del conflicto*, en donde se alude a una conferencia del mismo nombre.

El libro *Liberalismo triste*, del italiano Carlo Gambescia, es un trabajo central de esta investigación, ya que su taxonomía, que caracteriza a los liberales *non ridens* como aquellos liberales realistas, es lo que da sentido y ayuda a situar esta investigación dentro del marco del propio liberalismo. Esto es así ya que no es nuestro interés dialogar con posturas extremas que, si bien critican el "fundamentalismo de mercado"[2], a su vez piensan que el remedio para esto se halla en la intervención providencial del Estado y, por ende, caen en el mismo error intelectual de sus contrincantes ideológicos al creer que cualquiera de estas dos instancias históricas pueden mejorar la naturaleza humana y encaminarla hacia el progreso.

La tradición liberal y el Estado, de Dalmacio Negro Pavón, pensador de una talla intelectual inmensa, galardonado con el Premio Juan de Mariana en 2022, parte de una premisa histórica, de irradiaciones schmittianas, que consideramos medular en esta investigación y es la caracterización histórica del liberalismo como el resultado de que la política se hiciera estatal y neutral en la modernidad. El liberalismo existe desde que nos hallamos en la "era de la estatalidad", una era en la que esa formación histórica llamada Estado se volvió la encarnación de *lo político*.

De manera que revisaremos los escritos de algunos de los pensadores que consideramos más representativos, tanto de la tradición realista y liberal contemporánea, que se han ocupado

---

[2] Economistas estatistas de izquierda progresista como Joseph Stiglitz, Paul Krugman, Robert Reich, Naomi Klein y Mariana Mazzucato han utilizado este término para afirmar que los mercados causan monopolios, desigualdad, daño ambiental y subdesarrollo.

de la tensión moderna entre Estado-mercado, sabiendo que es imprescindible acotar la investigación al ámbito de la historia de las ideas y no al terreno (también estimulante, pero que excede nuestro propósito) de la filosofía y la teoría política.

Alejandra Carolina MARTÍNEZ CÁNCHICA.

Ciudad de Guatemala, enero de 2024.

APROXIMACIÓN A LA DESPOLITIZACIÓN ECONOMICISTA DE LAS ÚLTIMAS DÉCADAS

En 1992, Francis Fukuyama publicó su celebérrimo libro *El fin de la historia y el último hombre,* en donde, partiendo del idealismo alemán con la filosofía de la historia hegeliana y la tesis kantiana de la paz perpetua, sostenía que tras el fin de la Guerra Fría había culminado también la lucha ideológica y finalmente había triunfado la "libertad", entendida esta como democracias liberales y economías de mercado abiertas. Con dicho triunfo, se establecería una suerte de marco universal que sería el esquema en que las comunidades políticas y las naciones se entenderían.

Y tal vez los acontecimientos le daban la razón, ya que en ese momento, el primer presidente electo de la naciente República Federal Rusa, Boris Yeltsin, ponía fin al telón de acero y encaminaba a su país hacia una era democrática con reformas de mercado. Los líderes democráticos de los países post-comunistas, como Vaclav Havel, en República Checa y Lech Walesa, en Polonia, llenaron de optimismo al mundo. Asimismo, China parecía dejar atrás las décadas de hambrunas y escasez, abriéndose por fin con las reformas económicas de Deng Xiaoping. Y fuera de la guerra en los Balcanes y del genocidio en Ruanda, el resto del mundo experimentaba una confianza inusitada en el futuro, abrazando la democracia liberal y la liberación de los mercados.

Este será el caso también de América Latina, que para aquella época experimentaba la llamada tercera oleada democrática y comenzaba a aplicar los correctivos de mercado recomendados por el Consenso de Washington para salir de la nefasta crisis de la deuda de la década anterior. Por un lado, Brasil, Argentina, Uruguay y Chile se hallaban en una transición democrática de gobiernos militares desde los años ochenta. En el Perú, a pesar de que el escritor liberal Mario Vargas Llosa perdía las elecciones presidenciales, el país se logró unir en torno a un programa económico que lo modernizó y lo sacó de la profunda crisis hiperinflacionaria de gobiernos anteriores. Adicionalmente, lo que sucedía en Centroamérica era bastante esperanzador: las guerras civiles internas de movimientos guerrilleros marxistas armados claudicaron ante la instalación de gobiernos civiles y democracias de partidos, como fueron los casos de Guatemala y El Salvador. En Panamá, la dictadura militar de Noriega fue derrocada y en Nicaragua, la Revolución Sandinista fue aplastada en las urnas, dando paso a un gobierno democrático de gran apertura. De manera que, para el año 1990, con la sola excepción de Cuba, y al menos nominalmente, todos los países de América Latina eran democracias presidencialistas en un proceso de apertura económica, privatizaciones y levantamiento de controles.

Para este momento, el éxito del sistema del libre mercado era incuestionable y la discusión entre Estado y mercado se veía más que superada. Como refiere el economista español-argentino Carlos Rodríguez Braun en su libro *Estado contra mercado*:

> No me interesa combatir contra molinos de viento ni hacer leña del árbol caído. En los virtuales albores del siglo XXI existe entre las opciones ideológicas relevantes un amplio acuerdo en el sentido de que algunas cosas ya no se

pueden discutir (...) Voy a dar, pues, por sentado que el mercado ha sido incorporado al acervo doctrinal y es aceptado como ingrediente indispensable de la convivencia humana, aunque las dosis del mismo puedan variar considerablemente. No hay "terceras vías" entre el mercado y su eliminación: esta última alternativa ha desaparecido. (Braun, 2012, *Introducción*)

Sin embargo, el siglo XXI traería consigo una serie de disrupciones que acabarían de romper aquella ilusión del fin de la historia. Desde los ataques terroristas del 9/11 en 2001 y la guerra en Irak en 2003, la crisis financiera de 2008, el fracaso de las "primaveras árabes" y el Brexit, hasta las medidas autoritarias que tomaron todos los gobiernos durante la pandemia del Covid-19, la penosa retirada de Estados Unidos de Afganistán, la invasión rusa a Ucrania y el ascenso de tiranos como Vladimir Putin, Bashar Al Assad, Xi Jiping, Nicolás Maduro, etc., que violan derechos humanos sin ningún pudor ante una comunidad internacional. Tales sucesos han hecho que muchos se cuestionen aquella certeza con la que se miraba el porvenir treinta años atrás con la caída del Muro de Berlín y cuando el triunfo de la democracia liberal se dio por hecho. Como dijo el historiador Arnold Toynbee: *"History is again on the move"*. A fin de cuentas, la historia siempre está abierta.

El orden inaugurado a partir de 1989[3], comenzaba a mostrar las costuras. Si bien estamos en un mundo hiperglobalizado, tal

---

[3] Dalmacio Negro refiere, a propósito de que justo son 200 años de la Revolución francesa, que pareciera el "fin de un ciclo" que se abre en 1789. Una época animada por el espíritu dirigido al hombre en general, abstracto, que trascendió a la humanidad entera, cuyo contenido era moral y utópico. Una época que aspiraba a implantar el reinado

vez como nunca antes en la historia reciente[4], eso no ha significado que todas las naciones se sientan enteramente a gusto en el marco común de entendimiento de la democracia liberal. De hecho, el discurso de la soberanía ha ganado cada vez más terreno en los espacios políticos y la integración económica de los mercados globales está siendo cada vez más cuestionada y tiene cada vez más desafección.

Así las cosas. la tesis de los años ochenta y noventa de que solo aplicando la receta del libre mercado a los países, inmediatamente los encauzaría hacia la democracia, la división de poderes, el respeto a la ley y a los Derechos Humanos y al entendimiento pacífico en el ámbito internacional, pareciera que no fue más que una trampa.

El caso de Rusia es paradigmático y vale la pena desgranarlo. En los noventa Yeltsin desreguló la economía iniciando varias aperturas; sin embargo, pronto los rusos se darían cuenta de que las bondades que pregonaban los mercados abiertos tenían sus bemoles: tras las medidas de shock aplicadas a la economía, el 2 de enero de 1992, los rusos se despertaron con un alza sustancial en los precios. Ese año la inflación superaría el 300 % y el siguiente alcanzaría el 2600 %.

El escepticismo de los rusos sobre si las reformas económicas tendrían éxito se sintetiza muy bien en este chiste de aquellos años: "Sabemos que se puede convertir una pecera

---

absoluto de la justicia, un concepto que pertenece a la moral, no a la política, mediante la transformación de la sociedad universal y la naturaleza humana. Es el origen del mito de la "Revolución". Ver: Negro, Dalmacio. *Liberalismo, iliberalismo. Artículos políticos (1989-2013)*. 2021, p. 70.

[4] En 2019, Brookings declaró que el mundo se hallaba más globalizado que nunca desde los últimos cien años.

en una sopa de pescado; la pregunta es, ¿se puede convertir una sopa de pescado en una pecera?"[5]. Ciertamente, durante los más de setenta años de comunismo soviético a los rusos se les inculcó que, de acuerdo con la interpretación marxista de la historia, el siguiente paso después del capitalismo era el socialismo; no al revés.

Yeltsin emprendió una fuerte descentralización de la economía, desmontando monopolios agresivamente. Su visión era hacer de Rusia una economía de *small owners*, en donde los derechos de propiedad se respetarán sin cortapisas. Sin embargo, Rusia adolecía de las instituciones informales[6] que hacen posible que se aplique de forma efectiva el *rule of law*. Lo que resultó del experimento de Yeltsin fue un *crony capitalism* (capitalismo de amiguetes). Las principales industrias de la era soviética serían rematadas y subastadas bajo el esquema de "préstamos por acciones", de una forma poco transparente a una minoría de funcionarios bien conectados que pasaron a formar parte de lo que sería la nueva élite rusa: "los oligarcas".

Esta nueva élite rusa se convirtió en mil millonaria de la noche a la mañana y su dinero pasó a asegurar la reelección de Yeltsin en 1996, quien se vio cada vez más involucrado en escándalos de corrupción junto con miembros de su entorno. Probablemente, el símbolo de esta nueva oligarquía rusa lo encarnará el empresario Mijaíl Khodorkovsky, propietario de la

---

[5] Sobre este punto, ver: González Ferriz, Ramón. *La trampa del optimismo. Cómo explican los años noventa el mundo actual*. Barcelona. Penguin Random Debate. 2019.

[6] Según el economista Douglas North, las instituciones informales son reglas socialmente compartidas, generalmente no escritas, que se crean, comunican y aplican fuera de los canales sancionados oficialmente.

empresa petrolera Yukos, quien se volverá el hombre más rico de Rusia, mientras que Yukos, la empresa vitrina para Occidente, será la prueba del progreso de una Rusia que cada vez abrazaba más fervientemente los principios del liberalismo económico y político.

No obstante, las reformas económicas liberalizadoras de Yeltsin fueron más bien un "espejismo" para la población rusa, porque durante la década que gobernó, el PIB de Rusia no dejó de caer. Si bien la desintegración de la URSS y la guerra de Chechenia contribuyeron sustancialmente a esta caída de la riqueza nacional, lo cierto es que la percepción del ruso promedio fue que su calidad de vida había empeorado en los últimos años, frente al tremendo contraste que encarnaba una nueva élite económica en un ascenso meteórico, coludida con un poder político cada vez más corrupto.

La idea de una Rusia liberal ha seducido a Occidente por un tiempo considerable, al menos desde épocas del zar Alejandro II. Paradójicamente, la apertura económica de los años noventa no llevó al país hacia una democracia liberal, sino a la consolidación de un petroestado, controlado por una oligarquía de la vieja KGB alrededor de la figura de Vladimir Putin.

Putin aprovechará el *boom* de los *commodities* para consolidarse en el poder y centralizarlo cada vez más en su persona. Primero emprenderá una embestida contra los oligarcas que están en su contra, como será el caso del millonario petrolero Mijaíl Khodorkovsky, a quien encarcelará a finales de 2003. Su empresa, Yukos, será disuelta por supuesta evasión fiscal para ser finalmente declarada en quiebra en 2006. Luego, el Estado ruso se adueñará de los activos de Yukos y estos serán adquiridos en remate por las empresas estatales Rosneft y Gazprom, hoy entre las principales empresas de petróleo y gas natural del mundo.

DOUX COMMERCE?
REFLEXIONES SOBRE LA DESPOLITIZACIÓN ECONOMICISTA LIBERAL

Desde la cárcel, en marzo de 2004, Khodorkovsky elaborará unas reflexiones en torno a los errores del experimento liberal ruso:

> El liberalismo ruso fue derrotado porque trató de ignorar algunas importantes características histórico-nacionales del desarrollo de Rusia y los intereses vitales de la inmensa mayoría del pueblo ruso, y porque temía decir la verdad". Prosigue diciendo que el liberalismo en Rusia debe "aprender a buscar la verdad en Rusia y no en Occidente" y que se debe reconocer que el "proyecto liberal puede ser llevado a cabo en Rusia sólo en el contexto de sus intereses nacionales[7].

Apenas un mes después de que Khodorkovsky escribiera esto en plena prisión política, llama mucho la atención la reflexión del fundador del Cato Institute, Edward H. Crane[8], quien, relata a inicios de abril de 2004, que la institución organizó una conferencia en Rusia a la cual asistieron cerca de 300 personas y en donde estuvo incluso Milton Friedman vía satélite por medio de videollamada. Entre los expositores estuvieron los economistas Arnold Harberger y Daniel Yergin; el chileno José Piñera, quien fue el artífice de privatización de los sistemas de pensiones en Chile; Mart Laar, ex primer ministro de Estonia; Ruth Richardson, ex ministra de Hacienda de Nueva Zelanda y Andrei Illarianov, un ex asesor libertario del presidente Vladimir Putin, quien por cierto hoy en día está

---

[7] Khodorkovski escribe su ideario del liberalismo ruso desde la cárcel. 29 de marzo de 2004. En https://elpais.com/diario/2004/03/30/internacional/1080597611_850215.html

[8] Crane, Edward H. "Rusia hacia el liberalismo". En https://www.elcato.org/rusia-hacia-el-liberalismo

exiliado en Washington y es opositor. Crane termina su relato con una nota optimista sobre Putin, quien, según afirma, luego del evento se acercó a hablar con los invitados en privado y les dijo: *"Deben regresar el año próximo. Quiero hacer de Moscú el centro del debate liberal en Europa"*.

En ese mismo año, 2004, Putin eliminará las elecciones de gobernadores y comenzará una estrategia de instalar gobiernos títeres dentro y fuera de Rusia. Este será el caso de Dimitri Medvedev, con quien se alternará en el cargo y quien será presidente de la Federación Rusa entre 2008 y 2012 y primer ministro de Rusia entre 2012 y 2020. Finalmente, en 2020, Putin logrará modificar la Constitución para perpetuarse en el poder hasta 2036. Después de Iosif Stalin, que gobernó 29 años, Vladimir Putin es de los gobernantes que más años han regido Rusia y uno de los que más años lleva en el poder actualmente en todo el mundo.

¿Qué sucedió? ¿Por qué el libre mercado no bastó para que estos países no cayeran en vorágines autoritarias y no invocaran de nuevo la guerra?

¿Por qué los propios gobiernos que abrazaron el libre mercado hace varias décadas hoy se decantan otra vez por la intervención en la economía?

¿Por qué han llegado al poder proyectos políticos de cualquier signo ideológico que venden la consigna de que hay que "corregir" los problemas que ha traído la globalización para la protección de los puestos de trabajo nacionales, la producción nacional, el combate a la desigualdad y la especulación financiera?

¿Es por la ignorancia de los líderes políticos en las leyes económicas?

¿Es, como repiten muchos liberales del *Austrian economics*, por el sesgo keynesiano de las facultades de Economía en las universidades?

¿Es, como también hemos escuchado en varios espacios, porque los liberales no hacen un buen trabajo divulgando las bondades del mercado y han dejado que los socialistas les ganen en el terreno de las ideas?

Intentaremos dar algunas luces al respecto (más no soluciones) desde los aportes de varios pensadores en las líneas que seguirán a continuación.

CAPÍTULO I

LA TEORÍA DEL *DOUX COMMERCE* Y LA PACÍFICA SOCIEDAD COMERCIAL

También conocida como teoría del *sweet commerce* o del "comercio gentil", es una idea que nace del pensamiento iluminista de la economía política y la filosofía moral que sostiene que el comercio tiene un efecto civilizador en la sociedad. Esta teoría irenista afirma que la búsqueda del propio interés económico a través del comercio y el intercambio lleva a los individuos a desarrollar virtudes como la cooperación, que a su vez promueven la armonía social y la prosperidad económica.

La idea de la teoría del *doux commerce* se remonta al filósofo francés Montesquieu, quien creía que el comercio podía ayudar a mitigar los efectos de los conflictos políticos y religiosos. El barón de Montesquieu afirma que el comercio apacigua la belicosidad del hombre en el Capítulo II del Libro Vigésimo de *El espíritu de las leyes* (1748), en los que habla del ideal de la República comercial:

> El efecto natural del comercio es propender a la paz. Dos naciones que comercian entre sí dependen recíprocamente la una de la otra: si la una tiene interés en comprar, la otra lo tiene en vender. Toda unión está fundamentada en necesidades mutuas. (Montesquieu. S/F., p. 418)

La teoría del *doux commerce* fue bastante popular y se encuentra en una amplia literatura del siglo XVIII. Un ejemplo de ello es la obra de 1769 de William Robertson, *View of the Progress of Society in Europe,* donde el autor escribe [traducción propia]: "El comercio (…) suaviza y pule los modales de los hombres" (Hirschman, 1982, p. 1465).

Posteriormente, la teoría fue desarrollada por el filósofo escocés Adam Smith en su influyente libro *La riqueza de las naciones* (1776), donde argumentaba que el comercio promueve la división del trabajo, lo que conduce a una mayor productividad y crecimiento económico:

> el comercio y la industria establecieron gradualmente el orden y el buen gobierno, y con ellos la libertad y la seguridad de los individuos, entre unos habitantes del campo que antes habían vivido en un estado de guerra permanente con sus vecinos y de dependencia servil con sus superiores. De todos sus efectos éste ha sido el menos destacado, pero es con diferencia el más importante. El único autor que lo ha subrayado, que yo sepa, es el Sr. Hume. (Smith, 1996, p. 520-521)

Uno de los ilustrados franceses más famosos, Condorcet, en su *Esbozo* de la historia del progreso intitulado, *Esquisse d'un tableau historique du progres de l'esprit humain* (1793-1794), si bien alejado de las posiciones políticas de Montesquieu, concuerda en este punto sobre el comercio al expresar lo siguiente [traducción propia]:

> "Los modales [*moeurs*] se han vuelto más suaves [*se sont adoucies*] (...) por influencia del espíritu del comercio y de la industria, esos enemigos de la violencia y del tumulto que hacen huir a la riqueza". (Hirschman, 1982, p. 1465).

Thomas Paine, uno de los revolucionarios más destacados de los Estados Unidos, hace una de las defensas más contundentes en sus *Derechos del hombre*, de 1792 [traducción propia]:

> [El comercio] es un sistema pacífico, que opera para cordializar a la humanidad, haciendo que las naciones, así como los individuos, sean útiles mutuamente (...) La invención del comercio (…) es la mayor aproximación a la civilización universal que se ha hecho hasta ahora por cualquier medio que no fluya inmediatamente de los "principios morales". (Hirschman, 1982, p. 1465)

En ese tenor, es importante señalar la mención que hace el general George Washington en su discurso de despedida de la presidencia en 1796, que en la actualidad hemos simplificado y popularizado en el dicho: *más comercio y menos política* [traducción propia]:

> "La gran regla de conducta para nosotros con respecto a las naciones extranjeras es, al ampliar nuestras relaciones comerciales, tener con ellas la menor conexión política posible."[9]

---

[9] "Washington's Farewell Address 1796" en https://avalon.law.yale.edu/18th_century/washing.asp

Ya en el siglo XIX, uno de los grandes precursores de la teoría de la pacífica sociedad comercial no será otro que Frédéric Bastiat, uno de los padres intelectuales de la rama del liberalismo más economicista (escuela austríaca, libertarios, anarcocapitalistas y otros liberales *ridens* que explicaremos en el siguiente capítulo). Según Bastiat, hay dos formas esenciales de procurarse los medios de vida: el robo y el trabajo, el 'saqueo' y la 'producción'. (Bastiat, 2023, p. 13)[10]

Pero probablemente la tesis de más impacto en el siglo XIX será la del filósofo inglés Herbert Spencer, quien, en su obra de 1876, *The Principles of Sociology*, habla de la distinción ideal-típica que seguirán casi todos los liberales entre la *predominantly militant society* y la *predominantly industrial society*. La clasificación entre los dos tipos de sociedades sería entre: "aquellas en las que la organización ofensiva y defensiva está más desarrollada, y aquellos en los que la organización de cooperación está más desarrollada" (Spencer, 1877, p. 570) [traducción propia]

Pero ya en el siglo XX vemos que se mantienen los defensores del *doux commerce* que beberán de la tesis sociológica de Spencer. Por ejemplo, el economista austríaco Ludwig von Mises en su obra *Liberalismo. La tradición clásica* (1927), construirá un caso a favor de la paz cuando se refiere a los beneficios de la división del trabajo versus las comunidades autosuficientes:

---

[10] Esta también será la tesis del sociólogo alemán del siglo XX, Franz Oppenheimer, en su libro *El Estado*.

La división del trabajo entre ciudad y campo –gracias a la cual los campesinos de las aldeas circundantes proporcionan a las ciudades productos agrícolas esenciales a cambio de productos industriales– presupone ya una paz garantizada al menos en el ámbito territorial local". (Mises, 2011, p. 57)

Más recientemente, el psicólogo y escritor canadiense Steven Pinker, en su libro *Enlightment now* (2018), señala que [traducción propia]:

"El intercambio puede hacer a toda una sociedad no sólo más rica, sino también más agradable, porque en un mercado eficaz es más barato comprar cosas que robarlas, y las otras personas son más valiosas vivas que muertas". (Pinker, 2018, pp. 22-23)

Más adelante, el autor determina, con una serie de tiempo muy contundente (Pinker, 2018, p. 198), que las guerras entre potencias se redujeron prácticamente en un 75% en el siglo XX, con respecto a los siglos XVI-XVII, y que, en el siglo XXI, el porcentaje se reduce casi a cero. Sin embargo, unos párrafos después, Pinker aclara lo obvio, y es que, si bien las guerras se han vuelto más infrecuentes, también se han vuelto más complejas y letales, con un poder destructivo sin precedentes.

De hecho, Pinker dedicó un libro entero al tema de la pacificación que trajo la Modernidad, titulado *The Better Angels Of Our Nature* (2011). Partiendo de la tesis del sociólogo alemán Norbert Elias, el renombrado neurocientífico expone que, en el mundo feudal, al estar atada la riqueza a la tenencia de la tierra y bajo la prohibición del lucro de la Iglesia católica, la única forma de acumular bienes era a través de la conquista, en un juego de suma cero. En algún punto de los siglos XIV y XV ocurrirá un cambio psicológico en el florecimiento de emociones que favorecerán la cooperación social, tales como la simpatía, la confianza, la gratitud o la culpa, que hicieron posible un juego de suma positiva con la práctica cada vez más generalizada del intercambio de excedentes y la especialización del trabajo (Pinker, 2011, p. 76).

La economista e historiadora económica Deirdre McClosskey, conocida por su famosa trilogía sobre la burguesía, en esta línea, promueve la idea de que, si bien en algunos casos la coerción gubernamental es necesaria, la pregunta debe ser exactamente *cuánta legislación, cuántos impuestos, cuánta coerción*. Mientras los medios estatales siempre usarán la coerción, los medios de los liberales (casi economistas) son la persuasión, y el *sweet talk*, lo que los antiguos llamaban retórica. De esta manera, los resultados siempre serán de suma positiva para las partes, un ganar-ganar. Todo esto partiendo de la vieja clasificación spenceriana de que al liberal [traducción propia]: "le disgusta la política necesariamente violenta y policial del orden feudal, o del orden burocrático, o del orden militar-industrial". (McClossley, 2019, p. 26)

Otro autor que bebe de la teoría del comercio gentil es el español Antonio Escohotado en el primer tomo de *Los enemigos del comercio* (2018), quien refiriéndose al escocés David Hume en su obra de 1739, *Tratado sobre la naturaleza humana*, reflexiona: "su escepticismo en materia de fe no le llevó a dudar del mejoramiento humano sino a fundarlo sobre la industria" (Escohotado, 2018, p. 414) y, acto seguido, coloca la famosa cita de Adam Smith, el "pupilo más célebre" de Hume, que expusimos más arriba.

Probablemente, quien lleva más lejos esta interpretación de la actividad comercial ya no solo como transformadora de la naturaleza humana sino incluso como un ente sobrenatural, imprimiéndole un carácter teísta, es sin duda el economista español Jesús Huerta de Soto, cuando sostiene que la función empresarial[11] "goza del don de la ubicuidad" (Huerta de Soto, 2014, p. 73), siendo este un término teológico que se refiere a la omnipresencia de la naturaleza de Dios en el tiempo y el espacio.

Sin embargo, los críticos de la teoría del *doux commerce*, que aparecen tan temprano entre los siglos XVIII y XIX sobre todo entre pensadores conservadores y, posteriormente, entre los marxistas, argumentarán que ésta ignora el papel de factores no económicos, como las pasiones humanas, la cultura y las instituciones, en la configuración del comportamiento social y los resultados económicos. Refiere Hirschman que el ocaso de la tesis del *doux commerce*, se debió principalmente a los efectos sociales de la Revolución Industrial[12] en Inglaterra, y más tardíamente en otras naciones europeas.

Uno de los primeros escépticos del *doux commerce* será Alexander Hamilton, quien escribirá sobre el tema en 1787 en *El Federalista N° 6*, a propósito de los peligros de la desunión y la guerra civil interna a causa de los conflictos domésticos entre estados. Hamilton sostiene que más allá de "especulaciones utópicas" de que los estados podrían convivir en perfecta

---

[11] Definida esta como la acción humana que persigue fines valorados de los cuales se espera ganar una utilidad o ganancia, a través de medios u oportunidades descubiertas en un contexto cambiante.

[12] En un libro intitulado *El capitalismo y los historiadores*, F. A. Hayek compila una serie de ensayos presentados en la Mont Pelerin Society de 1951, en donde desmitifica las deformaciones "dickensianas" y la mala propaganda que tuvo la Revolución Industrial en el siglo XIX por parte de historiadores y novelistas, resaltando más bien el aumento de los niveles de vida de la población de Inglaterra en esas fechas. Hayek sostiene que los conservadores difundieron estas falacias de la sociedad industrial, que luego serán tomadas como bandera por los socialistas.

armonía, la realidad más probable es que se enfrentarían unos con otros, como de hecho terminará sucediendo casi un siglo después. Prosigue a señalar la causa comercial, como una fuente de conflicto en las naciones mercantiles [traducción propia]:

> ...aún se encuentran hombres visionarios o mal intencionados, dispuestos a sostener la paradoja de la paz perpetua entre los Estados, aunque estén desmembrados y separados unos de otros. El genio de las repúblicas (según dicen) es pacífico; el comercio tiende a suavizar las costumbres humanas y a extinguir esos inflamables humores que prenden con frecuencia la guerra. Las repúblicas comerciales, como las nuestras, nunca estarán dispuestas a agotarse en ruinosas contiendas entre sí. Las gobernará el interés mutuo y cultivarán un espíritu de amistad y concordia. (Hamilton, 1787, p. 38)

Ante esta proposición, continúa Hamilton planteando varias preguntas retóricas [traducción propia]:

> ¿Qué ha hecho el comercio hasta ahora, sino cambiar los fines de la guerra? ¿No es acaso la pasión de riquezas tan dominante y emprendedora como la de gloria o poder? ¿No ha habido tantas guerras fundadas en pretextos comerciales como en la ambición o en la codicia territorial, desde que el comercio es el sistema que rige casi todas las naciones? ¿Y este espíritu comercial no ha prestado nuevos incentivos a las codicias de todo género? (Hamilton, 1787, p. 38-39)

En este punto, Hamilton hace una precisión política y polemológica implacable sobre el comercio: en la medida en que el comercio es el área central de la política contemporánea y es la instancia de *lo político*, por lo menos desde 1648 (profundizaremos más en esto con Carl Schmitt en el siguiente capítulo), la guerra, en tanto medio o instrumento de lo político, hallará sus causas en lo ventajoso o desfavorable que las relaciones comerciales sean para una nación con respecto a otras. Pero esto no solo ocurre en el mundo contemporáneo, sino que, desde la Antigüedad con Esparta, Atenas, Roma y Cártago, pasando por la Edad Media con la república de Venecia y las ligas europeas, las naciones se han enfrentado entre sí por el acceso a rutas comerciales, por deudas, etc. De hecho, Hamilton señala que incluso en la Gran Bretaña: "El comercio ha sido durante siglos la ocupación principal de ese país. A pesar de lo anterior, pocas naciones han estado empeñadas con más frecuencia en guerras, y éstas fueron iniciadas repetidas veces por el pueblo" (Hamilton, 1787, p. 40). Explica que el comercio ha sido en gran medida históricamente una *casus belli* por excelencia [traducción propia]:

> Las guerras de las dos naciones mencionadas en último lugar [Inglaterra y Francia], han surgido en gran medida de consideraciones comerciales – el deseo de suplantar y el temor de ser suplantadas, bien en determinadas ramas del tráfico o en las ventajas generales que ofrecen el comercio y la navegación. (Hamilton, 1787, p. 41)

Finaliza el ensayo con un cuestionamiento a las "teorías" que pretenden negar el conflicto, despolitizar a la sociedad e incluso transformar la falible naturaleza humana hacia un estado de absoluta perfección moral:

> ¿Qué razón podemos sacar para confiar en los ensueños que pretenden engañarnos a esperar paz y cordialidad entre los miembros de la actual confederación, una vez separados? ¿Es que no hemos experimentado suficientemente la falacia y extravagancia de las ociosas

teorías que nos distraen con promesas de eximirnos de las imperfecciones, debilidades y males que acompañan a toda sociedad, fuere cual fuere su forma? ¿No es oportuno despertar de estos sueños ilusorios de una edad de oro, y adoptar como máxima práctica para la dirección de nuestra conducta política, la idea de que, lo mismo que los demás habitantes del globo, estamos aún muy lejos del feliz imperio de la sabiduría perfecta y la perfecta virtud? (Hamilton, 1787, p. 41)

En ese sentido, Edmund Burke será otro escéptico del *doux commerce*, ya que en su celebérrima obra *Reflections on the revolution in France* (1790) ve con incredulidad el hecho de fundar un orden político en el comercio y elevar esta práctica de intercambio a una atalaya moral y virtuosa, capaz de transformar la naturaleza humana [traducción propia]:

"Incluso el comercio y la manufactura, los dioses de nuestros políticos económicos, son quizás meras criaturas, no son más que efectos que elegimos adorar como causas primeras". (Burke, 2009, p. 87)

La advertencia de Burke es, por demás, fascinante. Su desconfianza lleva a replantear varias premisas, como la afirmación de que las instituciones humanas como el mercado poseen de suyo un carácter prepolítico, que surgen espontáneamente en la sociedad y, por ende, no es necesario un orden estatal para que este pueda operar (Hayek, p. 85-90). Así pues, para una parte del liberalismo clásico y de la vertiente de la llamada economía austríaca, el mercado no solo tendría el efecto alquímico de modificar la naturaleza humana, civilizándola, sino que también se habría originado en el vacío, antes de cualquier otro tipo de organización. Es aquí donde las críticas de Hamilton y Burke descuellan de forma penetrante.

DOUX COMMERCE?
REFLEXIONES SOBRE LA DESPOLITIZACIÓN ECONOMICISTA LIBERAL

La teoría del *doux commerce* es en sí una creencia despolitizadora que bebe del famoso mito del "fin de la política" o en palabras del jurista español Manuel García-Pelayo, del mito del "reino feliz de los tiempos finales". Los mitos políticos, refiere el autor, se deben a una "necesidad existencial" que busca más bien "dar la espalda a las realidades indeseables" (Romero, 1994, p. 74). Y a pesar del desdén ilustrado por el mito, al que se le ve exclusivamente como una rémora de las comunidades primitivas, la política contemporánea está llena de imágenes míticas:

> El fascismo y el nacional socialismo, se dispusieron a "fabricar" conscientemente mitos políticos o a transformar en tales ideas de otro orden, a fin de utilizarlos técnicamente como vías de integración política (...) y bajo la experiencia política del período entre las dos guerras, Ernst Cassirer publicó su famoso libro *El mito del Estado*, en el que muestra no sólo la decisiva importancia del mito en los movimientos políticos que han conmovido nuestro tiempo. (García-Pelayo, 1982, p. 65)

Tal como advierte Raymond Aron sobre las religiones seculares o *religion d'intellectuels* (Molina Cano, 2013, pp. 69-80), todas estas manifestaciones modernas reflejan "el mismo anhelo de trascendencia a este mundo", bajo un ropaje científico y filosófico donde:

> "se tiende a elevar un mundo ideológico, provocado por la realidad política y construido sobre ella, a una fe que se pretende sea religiosamente sentida y que opere como un *Érsatz* de la religión". (García-Pelayo, 1982, p. 66)

El fin del conflicto y la armonía de intereses que supuestamente se introduce en el orden social gracias al mercado, como sostienen sus defensores acérrimos, no es más que una ilusión que no existe en la realidad y que niega la naturaleza política y polémica del hombre.

CAPÍTULO II

LIBERALISMO TRISTE, O EL PESO DE *LO POLÍTICO*

Probablemente para fines didácticos, en la historia del pensamiento político, comenzando por Platón y Aristóteles, podemos encontrarnos con dos tipos de pensadores: los idealistas-utópicos y los realistas descarnados. División que pensadores como Isaiah Berlin también han clasificado como erizos y zorros[13]. Pareciera haber una tendencia irresistible a la separación dicotómica de los modos de pensar la política y curiosamente en momentos de *alta intensidad*, ese dualismo se acentúa, mucho más que en situaciones de normalidad, donde la

---

[13] Sobre esta clasificación: "Berlín distingue a dos tipos de pensadores: los "erizos", que buscan que el mundo cierre en su totalidad y por ende se decantan por teorías omni-explicativas que le den sentido y hagan inteligibles a la realidad (como Platón, Hegel, etc.), y las "zorras", que tienen una visión más dispersa de la realidad y pueden convivir perfectamente con lo complejo y lo contradictorio, donde se encuentran pensadores como Tolstoi". Ver más en: MARTÍNEZ CÁNCHICA, Alejandra. "Isaiah Berlin, un liberal antiutópico". *Revista Laissez-Faire*, No. 56-57 (Marzo-Sept 2023): 1-16.

diferencia realmente no es tan intensa. Pero, sin pretender hacer una síntesis total de armonía, creemos que las dos formas de pensar lo político se necesitan y se sostienen mutuamente.

Comenta Dalmacio Negro Pavón en *La tradición liberal y el Estado*, que el liberalismo no es más que la "vieja tradición occidental de la política"[14] del gobierno limitado y el imperio de la ley, a la que artificialmente se le antepuso ese artefacto racional y moderno llamado Estado. Por esta razón, Negro Pavón ubica al liberalismo más como una *tradición*, o una actitud ética hacia la política que, si bien se alimenta de la estatalidad, busca la mediación entre los postulados del humanismo secular y la política. Así, el liberalismo, que es una síntesis de ambos, tiene la intención (muchas veces utópica y constructivista, dependiendo de sus variantes) de proteger las libertades mediante la ley, o más bien, el derecho. Además, afirma Negro Pavón, que el liberalismo no es propiedad de un grupo determinado particular de "adictos a determinado sistema

---

[14] La oposición entre libertad y tiranía, siendo la libertad la tradición preferible, es muy vieja en Occidente y viene de Atenas desde finales de la época arcaica. Es lo que el historiador de la Antigüedad, Pedro Barceló, define como "el mito democrático", que según el autor se origina desde el tiempo de los legisladores y tiranos griegos durante la tiranía de los hijos de Pisístrato: mientras Hiparco representó el buen gobierno de los tiranos, siendo mecenas de las artes, etc., su hermano Hipias, quien termina asesinando a Hiparco, representó la concepción de tirano que tenemos en la actualidad y que quedó asentada para la posteridad. Sobre esto, ver: Barceló, Pedro. *El mundo antiguo*. Madrid. Alianza Editorial. 2021. Tomando esa idea, cabe decir también que la tradición colectivista en Europa procede de la oposición entre Atenas y Esparta y que la idea occidental de la no libertad del mundo oriental, viene de la oposición durante las Guerras Médicas entre Grecia y el Imperio persa aqueménida. Sobre esto, ver: Negro, Dalmacio. *La tradición liberal y el Estado*. Madrid. Unión Editorial. 1995, p. 39.

económico", pues se trata de "la encarnación moderna de todas las tradiciones características de la política de Occidente" (Negro, 1995, p. 22).

Sin embargo, a pesar de las dificultades de clasificar un término tan amplio como el de liberalismo[15], el pensador italiano Carlo Gambescia ha denominado liberalismo triste, liberalismo árquico o liberalismo *non ridens*. Gambescia acuña esta interesante taxonomía para referirse a aquellos liberales que entienden *le pesanteur du politique* y las leyes inexorables de la política. El editor y traductor al español de esta obra, Jerónimo Molina Cano, asimismo, ha catalogado en el prólogo a estos liberales como "imaginadores del desastre"[16] (Gambescia, 2015, p. 10), o el rasgo que el francés Julien Freund considera

---

[15] En una reseña, el profesor de Santiago de Compostela, Miguel Anxo Bastos, ha criticado la clasificación de Gambescia por la imposibilidad que presenta definir el propio concepto de liberalismo, que ha significado tantas cosas en tantas partes en diversos momentos de la historia. Sobre este punto, ver: Bastos Boubeta, M. A. "Gambescia, Carlo. Liberalismo triste: un recorrido de Burke a Berlin. Madrid, Ediciones Encuentro, 2015". *Revista de Investigaciones Políticas y Sociológicas*, vol. 14, núm. 1, 2015, pp. 214-217, Universidad de Santiago de Compostela, Santiago de Compostela, España.

[16] Aunque Molina Cano toma esta expresión de Michael Oakshott, la escritora estadounidense Susan Sontag tituló uno de sus ensayos "La imaginación del desastre". Un escrito de 1965 sobre la ciencia ficción como género cinematográfico. En el texto, sostiene que las películas de ciencia ficción "no tratan sobre ciencia. Tratan de la catástrofe, que es uno de los temas más antiguos del arte y está relacionado con la estética de la destrucción". Sobre este punto, la historia del arte puntualiza muy bien esta interesante relación entre el pensamiento realista-conservador y el Romanticismo, principalmente en el escepticismo de ambas corrientes hacia la Modernidad, la razón ilustrada y la idea de Progreso.

fundamental en política: anticipar lo peor para poder conjurarlo. Los liberales tristes rechazan la idea de utopía política o social. Derivan sus creencias de la tradición del *realismo político*. A diferencia de los liberales *ridens*, los liberales tristes creen que la *decisión política*[17] no debe dejarse a la mano invisible o al orden espontáneo del mercado. En su lugar, abogan por una visión fuerte de *lo político* que trascienda las categorías ideológicas puristas. Esto significa que, para los liberales tristes, las decisiones políticas deben basarse, como diría Isaiah Berlin, en el "sentido de realidad". Este enfoque se basa en una profunda comprensión de lo irresoluble de la naturaleza humana, siempre intentando evitar "que el fármaco se transforme en veneno manipulando su dosificación", ya que el otro extremo sería quedarse de "espectadores tristes de una obra triste", como diría Schmitt precisamente en un ensayo titulado Hamlet o Hécuba (Gambescia, 2015, p. 36-37).

En círculos académicos y divulgativos del liberalismo, probablemente influidos por un famoso ensayo de F. A. Hayek intitulado "Individualismo: el verdadero y el falso", se tiende a reducir a los pensadores *utópicos* como pertenecientes exclusivamente a la tradición socialista. Estos autores, sostiene Hayek, por lo general tienen una concepción antropológica benigna y en ese compartimiento estanco –bastante arbitrario– entrarían desde Platón hasta Rousseau y Marx. Por su parte, del lado de los liberales clásicos, a partir de John Locke, pareciera haber una concepción de la política más coherente con la realidad, y una visión más escéptica de la naturaleza humana. De

---

[17] En palabras de Gambescia (de contundentes evocaciones schmittianas), es el dilema hamletiano que se les presenta a los liberales en su renuncia a la política y en su rechazo al Estado como encarnación histórica de lo político y en su "utópica fuga hacia delante".

aquí, el austríaco llega a la conclusión de que mientras el idealismo utópico lleva al cambio radical y sangriento, el pragmatismo liberal lleva al verdadero ideal de progreso en libertad[18].

Sin embargo, más allá de esta simplificación, la verdad es que la visión idealista de la política no es exclusiva de los socialistas utópicos; pues existen *liberales ridens* cuyos postulados beben de esta tradición que aborda la política desde el "deber ser" y no desde el "ser", que son portadores de un liberalismo despolitizado (e incluso negador de la política) entre quienes destacan el propio F. A. Hayek, Ludwig von Mises, Robert Nozick, Murray Rothbard, Hans Hermann Hoppe, Jesús Huerta de Soto, etc. Por su parte, los *liberales non ridens*, *liberales árquicos* o *liberales tristes*, parten de un liberalismo sin ilusión que afronta lo absurdo de la historia y lo vemos en pensadores como Edmund Burke y Alexis de Tocqueville, Vilfredo Pareto o Gaetano Mosca. Y ya en el siglo XX, la vemos en el pensamiento de José Ortega y Gasset, Raymond Aron, Bertrand de Jouvenel, Isaiah Berlin y Wilhelm Ropke, entre otros. El liberal *non ridens*, trayendo a colación a Max Weber en

---

[18] En su libro, *La fatal arrogancia. Los errores del socialismo* (1992), Hayek precisa estas dos actitudes hacia la realidad al hablar de racionalismo constructivista, de aquellos pensadores que creen que pueden planificar la sociedad a su medida, específicamente los socialistas. Y el racionalismo crítico, para aquellos pensadores con plena consciencia de las limitaciones de la razón humana y de las consecuencias no intencionadas. A pesar de que los llamados liberales clásicos entrarían dentro del racionalismo crítico, el problema es que ellos sí tienen una creencia en el progreso (como el mismo Hayek lo explica en *Los fundamentos de la libertad*, Cap. III,), solo que se trataría de un progreso no guiado ni coordinado deliberadamente por la razón humana, pero progreso, al fin y al cabo.

"La política como vocación", acepta la irracionalidad ética del mundo, mientras que el *liberal ridens* tiene en cuenta la ética de la responsabilidad. Por su parte, el liberal (y el socialista) más utópico partirá de la ética de la convicción. Al mismo tiempo, hay un trasfondo relativo a la naturaleza humana: mientras el utópico la ve como perfectible (el hombre, animal benéfico), el realista la acepta como es (el hombre en tanto animal caído).

Utilizando una metáfora de Carl Schmitt, la realidad política es una "roca muda contra la que estalla el oleaje de la auténtica tragedia", que en última instancia se refiere al poder desnudo del hombre sobre el hombre y es esa realidad de la que el hombre "intenta sustraerse siempre, idealizándose éticamente a sí mismo ante el espejo de una ética de los príncipes tan grandiosa como imposible" (Gambescia, 2015, pp. 37-38). De ahí la necesidad del liberal triste de edificarse sobre la piedra de los hechos.

El problema es que los *liberales ridens* no le dispensan demasiadas simpatías al realismo político, sobre todo por la visión del Estado no como una entidad maligna de opresión, como sería la visión ultramoralista de los más anarquistas; ni tampoco como un mal necesario que hay que tolerar, que sería la visión de los llamados liberales clásicos. Un ejemplo es que el economista Murray Rothbard se refiere a Maquiavelo como "el viejo Nick, predicador del mal" y como "filósofo del oportunismo". También habla de Hobbes como un "apologista del absolutismo monárquico" y un "defensor moderno del despotismo" (Rothbard, 2010, p. 263-264, 405)[19].

---

[19] Para los realistas políticos y liberales tristes, el anarquismo no es una teoría política, es una teoría moral que considera que todo poder político es intrínsecamente malo (nosotros agregaremos que el

En ese sentido, habría que diseccionar al liberalismo desde el punto de vista de la doctrina, la teoría y la práctica. Así, Gambescia toma prestados los conceptos epistemológicos de Karl Mannheim para hilvanar una tríada que divide estas formas del pensamiento político como:

> "Reflexiones doctrinarias (normas sobre el deber ser), las teorías sobre la realidad histórica y sociológica (o sobre el ser) y los instrumentos de acción política (parte del ser), para someterlos a la prueba de los hechos". (Gambescia, 2015, p. 42)

Es preciso advertir que con esto no se quiere ponderar quién es más o menos liberal y quién es un *verdadero o falso* liberal, en relación a la fidelidad con ciertos valores o tipos ideales. Lo que se quiere referir es que el liberalismo no puede escapar de la realidad práctica, refugiándose en el "deber ser". En ese sentido, la acción política siempre remitirá a la *decisión*, y la decisión, en palabras de Gambescia, "siempre es resultado de ajustes teóricos y compromiso ligados a la lección de los hechos. Y los hechos nunca serán ni liberales ni antiliberales: son hechos" (Gambescia, 2015, p. 44). De manera que el liberalismo puede pensarse perfectamente desde la doctrina que aspira a una sociedad libre, como lo han hecho Popper, Mises y Hayek. Pero también como teoría, donde entran liberales tristes, como Dalmacio Negro, Nicola Mateucci, Angelo Panebianco,

---

anarquismo es un género literario). Usando la terminología de Julien Freund, "todo anarquismo en sí mismo encierra la máxima politización", por esta razón, afirmamos, el anarquismo lleva siempre a la revolución.

Jerónimo Molina Cano. Y, por último, desde la práctica, donde entrarían estadistas como Ludwig Erhard, Margaret Thatcher, Ronald Reagan y José María Aznar, entre otros.

De esta suerte, una vez caracterizadas las distintas vertientes liberales, Gambescia desarrolla una taxonomía que distingue entre cuatro tipos de liberalismo: el "micro-árquico", el "an-árquico", el "macro-árquico", el "árquico"[20], siendo este último el liberalismo triste o *non ridens*, que se caracteriza por el "reconocimiento de las regularidades de *lo político*".

- **Liberalismo micro-árquico:** es una corriente de pensamiento que halla sus orígenes en la llamada Ilustración escocesa y el denominado sentimentalismo escocés con Shaftesbury, Francis Hutcheson, Adam Ferguson, Lord Kames y, por supuesto, los más conocidos, David Hume y Adam Smith. También en los fisiócratas franceses como Quesnay, Turgot, etc., pasando por la llamada escuela austríaca de economía[21]

---

[20] Explica Gambescia que toma la etimología del griego *archi, archia* y *arché*, que significa jefe, gobierno, dominio, mando, etc. De esta manera, los prefijos *micro, macro y an*, indicarán diversas posturas con respecto a *lo político*, en sentido freudiano, definición que explicaremos más adelante.

[21] Existe un debate con respecto a si se puede hablar de una "escuela" de pensamiento homogénea en su visión de la Economía Política, ya que muchos de sus adscritos originalmente eran socialistas fabianos como Von Weiser, a quien por cierto le debemos la famosa Ley de Imputación de Costos. Se puede decir que en sus inicios con Menger esta escuela económica giraba en torno a una crítica netamente metodológica, que no política, al Historicismo. Luego, en su segunda generación, exponentes como Bohm-Bawerk harán una crítica, también metodológica, al Marxismo. Será posteriormente, en el siglo

más inicial de Carl Menger, Ludwig von Mises y F. A. von Hayek. Además, entraría la llamada escuela de Chicago con exponentes como Milton Friedman y Gary Becker. Adicionalmente, Ayn Rand con su filosofía objetivista. Todos abogan por un Estado mínimo y serían "amantes de poco Estado y pocos impuestos, pero no hasta el punto de abolirlos" (Gambescia, 2015, p. 105).

- **Liberalismo an-árquico:** sería el liberalismo que actualmente se conoce como *libertarianismo*[22], donde confluyen varios exponentes de la más tardía escuela austríaca de economía como Murray N. Rothbard, Hans-Hermann Hoppe, Walter Block, Miguel Anxo Bastos, etc. Rechazan la idea de Estado, aunque sea mínimo, al que pretenden suplantar por "el libre ejercicio pre-político de los derechos individuales" (Gambescia, 2015, p. 109). Abogan por una *privatización* de la vida social en todos los niveles, al punto, por ejemplo, de dejar en manos de particulares la función de la defensa y la administración de justicia.

- **Liberalismo macro-árquico:** según Gambescia, "nace de la corriente utilitarista de Jeremy Bentham, se desarrolla con John Stuart Mill y triunfa con Keynes"

XX, en su tercera y cuarta generación, con Mises, Hayek y Rothbard, que esta escuela desarrollará propiamente una vertiente política contra el Socialismo y el Comunismo como una suerte de reacción a la experiencia histórica totalitaria y a la Guerra Fría. Sobre este punto, ver: Caldwell, Bruce. *Hayek. A life 1899-1950*. Chicago, The University of Chicago Press. 2022.

[22] Sobre este punto, ver: Alvarado Andrade, Jesús María. "Liberalismo y Libertarianismo: Reflexiones Críticas". *Revista Laissez-Faire*, No. 47 (Sept 2017): 19-42.

(Gambescia, 2015, p. 110). Estos liberales podrían ser una suerte de "liberales estatistas"[23] que, en lugar de ver al Estado como un ente maligno, más bien lo ponderan como un medio eficaz de imposición de ciertos valores que coadyuvan al bien común, incluso llegando a plantear políticas redistributivas, como es el caso de John Rawls.

— **Liberalismo árquico, triste o *non ridens*:** los tres tipos de liberalismo anteriores parten de una antropología y de una sociología del "deber ser". En ese sentido, son doctrinarios y normativistas en su pensamiento político, pues parten de la filosofía moral y económica, resultando, por ende, en una *despolitización*[24]. En ese sentido, los liberales árquicos se decantan más por la teoría y la

---

[23] Para los micro-árquicos y an-árquicos, estos liberales macro-árquicos no serían tales, sino más bien serían *socialistas* y, de hecho, de aquí viene la acepción de *liberal*, para designar el progresismo norteamericano. Sobre esto, ver: Martínez Cánchica, Alejandra. "Liberalismo liberal vs. Liberalismo estatista en la tradición anglosajona". *Revista Fe y Libertad*. Vol. 2, N° 2 (julio-diciembre 2019): 89-100© 2019. También son fundamentales los aportes de Dalmacio Negro a propósito de la distinción entre liberalismo político y liberalismo regalista (liberalismo anglosajón y liberalismo galicano continental) en su obra de 1995, *La tradición liberal y el Estado*.

[24] Es interesante acotar, por ejemplo, en el caso de la escuela austríaca de economía, metodológicamente parten desde una antropología realista del actuar económico, rechazando los modelos ideales de competencia perfecta y del *homo economicus* del paradigma neoclásico, precisamente por considerarlos inaplicables al verdadero funcionamiento del complejo conjunto de interrelaciones humanas de ese orden social que es el mercado. Sin embargo, cuando se trata de explicar *lo político*, se alejan de esa metodología realista del actuar humano y más bien se decantan por imperativos éticos y morales.

práctica que por la doctrina. Dentro de esta tradición de liberales tristes o *non ridens*, que aceptan la inevitabilidad de *lo político* como componente inescapable vida social, Edmund Burke sería probablemente el fundador junto con Alexis de Tocqueville. Fijémonos en la atención que ambos autores prestan a los "hechos", no a fórmulas morales abstractas, ya que parten de un análisis de observación de la realidad (el primero con la Revolución francesa, el segundo, con la democracia norteamericana). Para estos liberales, la organización social no es pre-política o espontánea, como sostienen los micro-árquicos y an-árquicos, pero tampoco es enteramente artificial para construirse de un "plumazo" por la acción estatal, como señalan los macro-árquicos. Para estos liberales árquicos, la sociedad es un conjunto de órdenes históricos concretos y particulares, pero sin llegar a ser materialistas. El liberalismo triste no es, por ende: "Ni satisfecho ni insatisfecho, ni conservador ni progresista, ni devoto del Estado ni del Mercado, sino, simplemente, centinela de los hechos" (Gambescia, 2015, p. 133).

A pesar de las fisuras y filtraciones que pudiera tener esta clasificación[25], lo cierto es que estos *liberales tristes*, *non ridens*

---

[25] El mismo Gambescia admite que esta clasificación no es perfecta y que hay autores que si bien pertenecen indudablemente a la tradición liberal, no encajan en ninguna de las clasificaciones. Por ejemplo, Robert Nozick navega entre las aguas de los micro-árquicos y los an-árquicos, sin estar enteramente en ninguna de las dos. Pero también, pensadores como Hobbes y Montesquieu (este último introductor precisamente del *doux commerce*), quienes, si bien tienen un fuerte componente de lo político porque "introducen la libertad mediante la política, al mismo tiempo la neutralizan introduciendo la libertad", lo

o *árquicos*, que no reniegan de lo político y que aceptan la realidad tal cual es, sin moralismos, tienen claro el papel del liberalismo en tanto narrativa de limitación del poder que surge a partir de la aparición del Estado moderno centralizado en el siglo XV. Así las cosas, están conscientes de que el liberalismo es una tradición política que no se explica antes de la aparición de la forma histórica estatal. El liberalismo sería entonces una reacción consustancial a la aparición de ese Estado-artefacto moderno. Parafraseando al politólogo italiano Nicola Mateucci, el Estado moderno se caracteriza por el monopolio de *lo político*, donde política y Estado están casi fundidos en una misma identidad y donde el poder se ejerce mediante procedimientos racionales, con una burocracia profesional y un derecho administrativo (Mateucci, 2010, p. 19). Es decir, en el momento histórico en el que vive la humanidad por lo menos desde hace seis siglos, la política no puede desligarse de la esfera y rango de acción del Estado, de manera que las vertientes liberales micro-árquica y an-árquica no son solamente *apolíticas*, sino que son también *ahistóricas*.

Además de Gambescia, otro politólogo italiano, Angelo Panebianco, toca el tema de la apoliticidad del liberalismo más economicista, al que se le llama *market liberalism* o como muchas veces se le refiere en italiano, *liberismo*. Esta vertiente, que halla sus orígenes en pensadores como David Hume y Adam

---

cual los hace muy complejos para que Gambescia los incluya en la taxonomía (Gambescia, 2015, pp. 124-125).

Smith[26] y en el siglo XX, en pensadores como Mises[27] y Hayek, sostiene que la propiedad privada y el libre mercado son la principal condición para impedir que el poder político se vuelva tiránico. Sin embargo, según Panebianco, en esta neutralización infravalora la autonomía de lo político[28] y termina negando la política:

> ¿no hay en el liberalismo económico, como han sostenido algunos de sus críticos de orientación diversa –desde Carl Schmitt a Hans Morgenthau, desde Julien Freund a Raymond Aron– una excesiva marginación de la política (o, si se prefiere, no es acaso el liberalismo, en su variante económica, una auténtica utopía anti-política), que lo condena a la importancia y al fracaso? (Panebianco, 2009, p. 74)

Elaboraremos sobre esta crítica en los capítulos siguientes.

---

[26] Smith y Hayek también ven en la "Ley" un límite importante al poder político.

[27] Sobre Mises, Panebianco señala que su dificultad para pensar la política está en su propia teoría social, pues para Mises, sociedad significa necesariamente "cooperación", nunca conflicto. El conflicto sería entonces "asocialidad", interrupción de la relación cooperativa. Sin embargo, Panebianco reconoce que la obra de Mises que es una excepción en este sentido es *Nación, estado y economía*, de 1919, en donde Mises busca explicar las causas de la Primera Guerra Mundial, y en donde su concepción de *lo político* tiene más intensidad.

[28] La noción de "autonomía de lo político" se refiere a la capacidad de la esfera política para desarrollar sus propias reglas, lógicas y dinámicas sin estar completamente subordinada a otras esferas de la sociedad, como la económica, la cultural o la religiosa.

CAPÍTULO III

REALISMO POLÍTICO: LA 'ROCA MUDA' Y LA 'IMAGINACIÓN DEL DESASTRE'

La tradición del realismo político se funda modernamente con pensadores como Nicolás Maquiavelo y Thomas Hobbes, aunque incluso si nos remontamos a Aristóteles veremos que este también reconoce que el gobierno puede ser un medio eficaz para mantener a raya los defectos de nuestra naturaleza[29], partiendo de una concepción antropológica pesimista, propia de esta vertiente del pensamiento político. Pero será realmente Tucídides, con sus célebres observaciones sobre la guerra del Peloponeso, quien inaugurará el estudio y la aproximación a la política y a la historia (tan propensas a la moralina) desde "la verdad efectiva de la cosa". De manera que, si nos aventuramos a una descripción esquemática del realismo político por sus características, se pueden incluir, además de la persistencia del conflicto (de esto se encargará más profundamente la polemología), la centralidad del equilibrio de poder y la autonomía de lo político. Es decir: "se trata de un método *neutral* comprensivo de una antropología

---

[29] Rosler, Andrés. "Aristóteles y la autonomía de lo político". *Avatares Filosóficos*. Revista del Departamento de Filosofía UBA. N° 2. 2015. p. 67.

característica, una concepción de la *politicidad* y el sentido de historicidad" (Molina Cano, 2021, p. 36).

El realismo sería esa suerte de sucursal del pensamiento político que es más bien una actitud frente a lo que en la época moderna se ha denominado la razón de Estado. Por esto, el realismo político se manifiesta de forma *simple*[30], que no *simplista*[31]. El realista político es aquel que entiende que toda comunidad política está sometida a las leyes imperiosas de *lo político*: desde los imperios del Medio Oriente antiguo, pasando por las ciudades-Estado griegas y la república romana, hasta el shogunato del Japón feudal y la moderna república federal de los Estados Unidos de América. Por ende, muchos realistas pueden tener un entendimiento de la política como técnica. Esto lo que significa, más allá de una formulación sistemática, es que el realista no ve la política como el medio para la utopía y la promesa de transformación del género humano; tampoco ve a la política como una entidad maligna o como una amenaza que debe ser controlada (ambas concepciones, por cierto, despolitizadoras), sino que simplemente busca entender sus leyes inexorables y no pretende sustraer ni negar su carácter polémico.

Bien sea desde un método para conquistar y preservar el poder (Maquiavelo) o como una *técnica* que da forma definitiva a un orden que garantiza la paz y la seguridad, evitando la guerra

---

[30] Esta simpleza del poder se engloba en la frase del filósofo chino taoísta Lao Tse "Gobernar un Estado es como asar unos pececillos" (Molina Cano, Jerónimo, 2014, p. 95).

[31] Lawrence W. Reed precisa muy bien estas actitudes del realista y el idealista: "Es *simple* apreciar las limitaciones de uno mismo y las limitaciones del gobierno. Es *simplista* pensar que se pueden tirar al viento si uno está al mando porque es de algún modo especial".

(Hobbes)[32], desde tiempos muy antiguos han existido acuciosos observadores del fenómeno político en su dimensión más desnuda y real[33]. En ese sentido, principios inescapables como: "los enemigos de nuestros enemigos son nuestros amigos", "toda forma de gobierno es oligárquica", etc., tienen una aplicación atemporal y pertenecen a ese repertorio inagotable de singularidades del fenómeno político. Por eso se dice que el realista, en lugar de pensar en décadas o siglos, piensa más bien en milenios. Son pensadores que entienden ese peso de *lo político* y lo implacable y eterno de sus leyes.

En palabras de Julien Freund, el realismo político es una constante "mediación de la inteligencia política entre la metafísica y la historia", o, en palabras de Raymond Aron, entre "la teoría y la acción" (Molina Cano, 2021, p. 38) y sobre este punto, nos parece necesario aclarar que cuando sostenemos que el realismo político es una *técnica*, no nos referimos a la concepción moderna de técnica como *ciencia* (que de allí por cierto viene el término ciencia política, muy común en la

---

[32] Sobre esto, ver: Romero, Aníbal. *Aproximación a la política*. Caracas. Panapo. 1994, p. 62.

[33] Incluso, en el mundo oriental encontramos a los consejeros de los príncipes como Kautilya, un brahmán hindú consejero de Chandragupta en el 325 a. C., o Shang Yang, quien a finales de la Edad de Bronce China ayudó a centralizar lo que sería el Imperio Qin. De hecho, los manuales de política de la antigua Asia, escritos por figuras como Kautilya y Shang Yang, ofrecieron perspectivas realistas y descarnadas sobre la política, centrándose en la eficacia y la supervivencia del gobernante en el poder. Esta visión contrasta con la comprensión occidental de la política en la antigüedad, caracterizada por la influencia de la virtud y la ética. La transición hacia una perspectiva más realista en Occidente no ocurrió sino hasta Maquiavelo en la edad moderna.

academia norteamericana), sino al significado más antiguo de *techné*, que también puede ser entendido como *arte*, o como una suerte de *saber práctico* que no se puede teorizar. De tal suerte que el realismo político: "presupone una *visión* de la política, una *actitud*, más que un cuerpo sistemático de doctrina, una metodología o una ciencia política" (Molina Cano, 2014, p. 84). Por esta razón, refiere Molina Cano, la política no se puede "enseñar" o transmitir en un tratado de ciencia política, en un salón de clases o en un *paper* académico; al igual que un manual de economía no puede enseñarle a nadie a ser empresario o a emprender una idea de negocio (Molina Cano, 2021, p. 38).

Tampoco ser realista significa ser amoral y que se abandonen los principios, ni una forma cínica de ver la política para el provecho personal en detrimento del bien común, ni mucho menos ser conformista y entregarse al inmovilismo. De hecho, la sempiterna crítica a Maquiavelo como un "corruptor de la política", viene de estas deformaciones y prejuicios hacia el pensamiento realista. Por esta razón, Dalmacio Negro explica, partiendo de Julien Freund, las diferencias entre *maquiavelismo* y *maquiavelianismo*, apelando esta última a distinguirse de la concepción desfigurada y amoral de la primera. De manera que un *maquiavélico*, no es lo mismo que un *maquiaveliano*[34] (Negro Pavón, 2021, pp. 61-64).

En este punto, es importante precisar el inmenso aporte de Julien Freund a la historia del pensamiento político, al distinguir

---

[34] Esa es una distinción fundamental que Julien Freund apunta en *La esencia de lo político* y que ha llevado tiempo introducir en el idioma español, entre otras razones, porque en la traducción original de la obra se pasaba por alto el matiz.

entre *lo político* y *la política*[35]. En ese sentido, podríamos especificar que *lo político* es substancia y la política es instancia, lo político se refiere al *ser* y la política al *hacer*. La política es la manifestación contingente de *lo político* en la historia. *Lo político* permanece y la política cambia a lo largo del tiempo[36]. Señala Dalmacio Negro que: "lo político constituye una consecuencia de ser el hombre, ontológicamente, un animal político (...) por eso consideraba Hannah Arendt la natalidad como el presupuesto de la política" (Negro Pavón, 2021, p. 45). De esta cuenta, Freund, estructura *lo político* en tres presupuestos dialécticos fundamentales: amigo-enemigo, mando-obediencia y público-privado. La política, en cambio, es una actividad social. Así las cosas, el Estado, como forma histórica de *lo político* desde el siglo XV, monopolizará *la política*: solo se puede hacer política dentro del Estado. Actualmente, en el *Gobierno Representativo*[37],

---

[35] Para esto, ver: Freund, Julien. *La esencia de lo político*. "Introducción, cap. I-II".

[36] En ese sentido, el idioma inglés tiene una precisión interesante (aunque no totalmente exacta) de esta precisión semántica y es la diferencia que existe entre *politics* y *policy*. De nuevo, aunque la precisión no es tan rigurosa, puede ayudar a esclarecer los dos conceptos a aquellos lectores no tan familiarizados con la abstracción filosófica.

[37] Freund, no usa la palabra democracia, pues dice que responde más bien a una idealización nostálgica de los ilustrados sobre el sistema político de Atenas en la antigüedad, y que, por esta razón, él prefiere llamarlo gobierno representativo o mesocracia, para de esta forma despojar a este sistema de gobierno de toda la *moralina* actual en torno al antiguo vocablo. Sobre esta deformación, Freund habla entonces de *democratisme*, o "democracia moral", cuyo máximo exponente sería Mayo de 1968. Mesocracia, en cambio, es un término que se desprende de la clasificación freundiana de las formas de gobierno por su intensidad de mando, siendo estas: hipercracia, mesocracia y anarquía.

la política se hace a través de la actuación de los partidos políticos, aunque factores externos al Estado, como la prensa y la opinión pública, la impulsen o condicionen.

En ese sentido, a partir del estudio de esas regularidades constantes de *lo político*, en sus distintas encarnaciones históricas y sociológicas (*la política*), pareciera que el realista desentraña esas "verdades intolerables" que la mayoría de las personas se rehúsan a ver y que prefieren disfrazar con utopías moralistas y otros espectros deformantes:

> La lucidez del realista político nunca es bienvenida, pues quien describe la conducta de los hombres desespera o irrita al poderoso, excita inútilmente los ánimos del pueblo y causa, en general, disgusto a todos. No ha cambiado mucho la suerte de estos ingenios en la época de la democracia de masas, régimen social que sin embargo encarece, entre otras libertades civiles, la de la libre comunicación de las ideas. El poder libertador de la verdad molesta y quien a ella se atiene se convierte en un personaje incordiante y agorero que, además, debe justificar sus agudezas. El error mata, pero *in politicis* los yerros resultan mucho más tolerables que los aciertos del escritor clarividente. Por eso el adagio francés de los años setenta 'es preferible equivocarse con Sartre a tener razón con Aron' (*il est plusfacile d'avoir tort avec Sartre que raison*

Sobre este punto, dirá Valderrama Abenza en la introducción de esta obra, que desde la clasificación aristotélica de las formas de gobierno por el número de gobernantes (uno, pocos, muchos), no ha habido nada original en la teoría política hasta la clasificación de las formas de dominación de Max Weber (tradición, carisma, legalidad) y luego, estaría el aporte de Freund. Ver: Freund, Julien. *El Gobierno Representativo*. Madrid. Ediciones Encuentro. 2017.

avec Aron) era como vino viejo en odres nuevos. (Molina Cano, 2014, p. 86)

Otro rasgo que comparten buena parte de los realistas –aunque no todos– es el paso fugaz y consecuente fracaso y decepción con la política. En este punto, Molina Cano parafrasea al politólogo italiano Alessandro Campi, en esta aguda observación: "rara vez es un hombre con poder, aunque por un acaso pueda ser un político fracasado o decepcionado" (Molina Cano, 2021 p. 37). Es este el caso del propio Nicolás Maquiavelo, quien ejerció como funcionario público en la república de Florencia hasta que los Médici regresaron al poder en 1512, cuando lo apresaron y desde su retiro forzoso en el exilio, emprendió su actividad escritural.

Adicionalmente, Thomas Hobbes, en medio de la situación política de Inglaterra antes del estallido de la Guerra Civil, se exilió en París en 1640, donde permaneció once años y escribió *De Cive*, en 1641. Asimismo, este es el caso de Carl Schmitt, en torno a quien giran toda clase de mitos y lugares comunes por su vinculación con el Tercer Reich[38], pero lo cierto es que desde 1936 se aparta del régimen nazi y se dedica exclusivamente a la actividad intelectual, completamente alejado de lo público. También el francés Julien Freund, discípulo intelectual de Schmitt, vivirá una gran decepción política a los 23 años durante su militancia en los grupos armados del Partido Comunista Francés, que lo hará abandonar la política y entregarse de lleno

---

[38] Sobre este punto, es imprescindible consultar las obras de dos especialistas en habla hispana reconocidos en Schmitt: Molina CANO, Jerónimo. *Contra el mito de Carl Schmitt*. Sevilla. Ediciones Espuela de Plata. 2019 y también Rosler, Andrés. *Estado o revolución Carl Schmitt y el concepto de lo político*. Buenos Aires. Editorial Katz. 2022.

a la vida académica[39]. Mención aparte, dentro de la tradición de pensadores realistas, merecen las muy infrecuentes y excepcionales figuras de políticos y hombres de Estado que desarrollaron una actividad intelectual a la par de su actividad política, entre quienes descollan personajes como Julio César, Simón Bolívar[40], Otto von Bismark y Charles De Gaulle, entre otros.

De esta cuenta, si el realismo (en sentido schmittiano), es un pensamiento de *intensidad e intensificación* política, acción y vitalidad, también existe una polaridad siempre neutralizadora, apolítica, negadora del conflicto:

> Uno y otro tienen una enorme variedad de denominaciones singulares históricas, manifestando todas una polaridad irreductible: amoralismo y moralismo, pesimismo y optimismo, tradicionalismo y modernismo, pasadismo y futurismo, pragmatismo y utopismo, realismo y profetismo, maquiavelismo y antimaquiavelismo, polemismo e irenismo, etc., difícilmente abarcable por una sola, ni siquiera por la más convencional de todas, la consabida contraposición entre realismo e idealismo. (Molina Cano, 2014, p. 93)

---

[39] Sobre esto, ver: Valderrama Abenza, Juan C. *Julien Freund. La imperiosa obligación de lo real*. pp. 39-40 y también el artículo de Rosler, Andrés, "Un reaccionario de izquierda: Julien Freund y «La esencia de lo político»" publicado en el portal web https://lavanguardiadigital.com.ar/index.php/2018/07/10/un-reaccionario-de-izquierda-julien-freund-y-la-esencia-de-lo-politico/

[40] Sobre esto, ver: Pérez Vila, Manuel. [comp.] y Mijares, A. [prólogo]. *Doctrina del Libertador*. Caracas. Biblioteca Ayacucho. 2009.

En ese sentido, el *pacifismo*, así como todo discurso que beba del mito del fin o superación de la política (el fin de la historia, paz perpetua, etc.) es, en esencia, despolitizador: liberales (*ridens*, apologistas del *doux commerce*) participan por igual de este mito, junto con sansimonistas y marxistas:

> Alude el profesor Dalmacio Negro a un pensar político no estatal o postestatal, también antiideológico, al que denomina, seguramente a falta entonces de otro término más preciso, 'neoliberalismo', suma de 'la nueva actitud frente al estatismo y al moralismo políticos'. (Molina Cano, 2014, p. 95)

De esta suerte, nacerá la llamada política social, que en términos schmittianos no es más que un desplazamiento del área central de la política hacia el mundo económico. La *sozialpolitik*, cuya base es la religión de los mercados (como diría Burke, "los dioses de nuestros políticos económicos"), será la neutralizadora del conflicto que lleva en su seno el sistema industrial actual[41].

Sobre esta precisión capital indagaremos de seguidas.

---

[41] Cabe destacar que al igual que la religión de los mercados, otro mito contemporáneo neutralizador de la política será el llamado Estado de bienestar, característico del siglo XX. Sobre este punto, que no es el tema que nos ocupa en esta investigación, también es necesario consultar los análisis de Julien Freund sobre la "cuestión social".

CAPÍTULO IV

NEUTRALIZACIONES Y DESPOLITIZACIONES: BREVE HISTORIA DEL ESTADO COMO FORMA HISTÓRICA DE *LO POLÍTICO*

Muchos liberales *ridens* argumentarán que los oferentes y demandantes que cooperan socialmente en el proceso de mercado, intercambiando bienes y servicios, no son quienes declaran la guerra finalmente; pues desde la Modernidad, la guerra se declara entre Estados o entre cuerpos beligerantes cuyo objetivo es dominar al Estado. Por esta razón, la búsqueda de la hegemonía comercial como *casus belli*, en lugar de ser una fuente de conflicto entre naciones, es más bien una excusa –al igual que la religión, otra de tantas– que utilizan los Estados para justificar la guerra. Y ciertamente, bajo ese análisis, los liberales *ridens* tendrían toda la razón. Sin embargo, más allá de esta abstracción que, como siempre, busca enajenar la economía de la política, en la realidad, el comercio no se da en el vacío, sino que ocurre en un contexto político-jurídico que no se puede diseccionar en compartimentos estancos aislados entre sí, o mucho menos prescindir.

En ese sentido, los liberales *ridens* más radicales, influidos por los ilustrados escoceses (pero incluso llevando sus postulados a las últimas consecuencias lógicas), beben de la teoría de la existencia de un supuesto orden social pre-político: es decir, para estos autores la moral, la propiedad, la ley y el intercambio comercial surgieron espontáneamente en el cuerpo social y la posterior aparición de las formaciones políticas (ciudades-Estado, reinos e imperios) interfirieron en ese orden social preexistente al orden político. Según estos liberales *ridens*, el intercambio es un fenómeno espontáneo y evolutivo donde los individuos buscan maximizar su bienestar a través de transacciones voluntarias y mutuamente beneficiosas. Esta tesis alimentará luego la idea utópica de la supuesta "anarquía ordenada" de libertarios, liberistas y anarco capitalistas.

Por su parte, teóricos como Hobbes, y más recientemente, el estadounidense James Buchanan desde la teoría de la elección pública o *public choice*, señalan que, desde la aparición del Estado, las instituciones económicas tendientes a la libertad no florecen si no hay un "intercambio político" o pacto previo que las posibilite y al que podemos resumir como: respeto a la propiedad privada, respeto a los contratos, igualdad ante la ley, etc.

Si bien el origen remoto de estas instituciones[42] pudo haber sido pre-político, a partir de la aparición del Estado moderno, y en *la era de la estatalidad*, todo orden económico siempre será precedido por un orden político que lo favorece y lo propicia.

---

[42] Aquí el término "instituciones" tiene una connotación hayekiana, y hace referencia a aquellas entendidas como ideaciones humanas o comportamientos pautados no diseñados premeditadamente que se transmiten por generaciones. Sobre esto, ver: Hayek, F. A. *Los fundamentos de la libertad*. p. 85-90.

El "intercambio político" básico, el contrato conceptual bajo el cual se establece el propio orden constitucional debe preceder a cualquier interacción económica significativa. El comercio ordenado de bienes y servicios privados sólo puede tener lugar dentro de una estructura legal definida que establezca los derechos de propiedad y de control de los individuos sobre los recursos, que haga cumplir los contratos privados, y que establezca límites al ejercicio de los poderes gubernamentales. (Buchanan, p. 10)

Sobre este punto, Ángelo Panebianco también refiere: "el mercado, para funcionar precisa de reglas, un marco normativo que, en primer lugar, tutele los derechos de propiedad y la validez de los contratos, y este marco normativo sólo la política puede garantizarlo". (Panebianco, 2009, p. 73)

Así las cosas, el mercado como mecanismo de cooperación social, más allá de ser una institución humana que surgió en el pasado más remoto de forma espontánea, desde la aparición del Estado pasó a ser necesariamente un fenómeno político, o en todo caso, "politizado", es decir, un campo en el que también se libran conflictos con distintos tipos de agrupamiento amigo-enemigo (posiciones políticas pro-mercado y anti-mercado). Ahondemos a continuación en la terminología del jurista español Manuel García-Pelayo (1968, p. 35-39), quien señala que existen:

1. **Fenómenos eminentemente políticos:** vinculados a la estructura de poder, valores éticos y postulados doctrinarios constitutivos del orden en la sociedad: el Estado, los partidos, las doctrinas políticas y las normas constitucionales.

2. **Fenómenos politizados:** que, sin tener en sí mismos naturaleza o fines políticos, pueden en determinados casos adquirir significación e impacto políticos. Estos a su vez se subdividen en dos grupos:

   a) **Fenómenos políticamente condicionantes:** que no siendo políticos en sí mismos, pueden tener en ocasiones efectos decisivos sobre la política: la economía y la cuestión social en general.

   b) **Fenómenos políticamente condicionados:** no tienen naturaleza política, pero pueden ser condicionados, y aún determinados, por circunstancias y objetivos políticos: un movimiento artístico, las Olimpiadas, una epidemia o desastre natural, etc.

De tal suerte que el mercado, el comercio y las relaciones económicas en general (también llamada "cuestión social" o "política social"), tienen una naturaleza política y polémica indiscutible. Por lo tanto, partiendo de la terminología freundiana, la economía es una de las tantas instancias de *la política*, desde la aparición del Estado en tanto manifestación histórica de *lo político*.

Pero ¿qué es, en definitiva, el Estado? Dicho término es una palabra que, desde el punto de vista histórico-conceptual, significa "comunidad política"[43]. Es decir, las antiguas *poleis* griegas, o lo que en el mundo medieval es *stato*, se refiere a

---

[43] Sobre esto, comenta Negro Pavón que los griegos crearon la política, entendida esta como las acciones para encaminar la vida en la polis. La existencia de "la política" permitió liberar a los griegos de las ataduras del caos radical y del carácter ancestral de lo político (la guerra). Así las cosas, mientras que los griegos crearon la política, los romanos crearon el derecho como disciplina autónoma y complemento indispensable de la política (Negro Pavón, 1995. pp. 41-61).

comunidades políticas con distintas formas políticas o de gobierno que podían ir desde la ciudad-Estado, el reino, el imperio, etc. El Estado es más bien una creación de los siglos XV-XVII y es una organización racional y burocrática que parte de una *visión exclusiva de la Modernidad de la política como artefacto*, en la que esta gran máquina está llamada a solventar los problemas que atentan con disolver a la comunidad política, como la guerra civil o la revolución. En ese sentido, el Estado tiene como finalidad imponer la paz al convertirse en un ente neutral que hace cumplir las leyes y administra la justicia, a través de procedimientos impersonales y racionales. De esta manera, como afirma Max Weber en su definición ya clásica y canónica de este concepto, Estado y violencia mantienen una estrecha relación: "Estado es aquella comunidad humana que, dentro de un determinado territorio (el 'territorio' es elemento distintivo), reclama (con éxito) para sí el monopolio de la violencia física legítima" (Weber, 1979, p. 83). Para Julien Freund, el Estado es la estructura histórica de las unidades políticas modernas, que Francia construirá primero durante el siglo XVII[44], seguida más tarde por las demás naciones europeas y actualmente por todos los países del mundo que han conquistado su independencia.

Refiere Dalmacio Negro Pavón en sus artículos políticos sobre el tema que la palabra Estado comenzó a usarse en el sentido actual apenas hace seis siglos para nombrar esa nueva forma de *lo político* que estaba apareciendo en Europa por aquel entonces, cuando las viejas monarquías europeas recurrían a ese

---

[44] Para varios teóricos políticos los orígenes del Estado se encuentran en la España de los reyes católicos, e incluso para autores como Manuel García-Pelayo, durante la Baja Edad Media con Federico II de Suabia en el Sacro Imperio Romano Germánico.

artefacto calculado para aumentar y centralizar su poder y acabar con los innumerables poderes feudales. La modalidad más acabada del Estado será la monarquía absoluta, en la que el monarca pasará a ser el "titular colectivo impersonal de la soberanía" (Negro, 2021, p. 161) y a partir del siglo XVIII, con la Revolución francesa, aparecerá la idea de *nación*[45], que sustituirá al monarca como titular de esa soberanía. Sin embargo, no se puede decir que la nación constituya en sí misma una forma política simplemente porque está unida a los conceptos y procedimientos del Estado.

---

[45] Estado y nación son conceptos diferentes. La palabra nación proviene etimológicamente del latinismo "natio", es decir, "nacimiento". Es decir, tiene que ver de alguna forma con la tierra donde se nace. Importantes estudiosos del fenómeno del nacionalismo, como el historiador Eric Hobsbawm y el sociólogo Benedict Anderson, definen las naciones como "comunidades imaginadas" y como un fenómeno histórico reciente que se relaciona con una suerte de "Estado moderno territorial". El filósofo romántico alemán J. G. Herder habla de la "nación" como una manifestación del *Volksgeist* (no en el sentido hegeliano, sino en uno más cultural). La filósofa alemana Hannah Arendt afirmará que es una categoría que excede los límites de la ciencia política para pasar a ser una suerte de colectivo de familias económicamente organizadas que a su vez son parte de una familia sobrehumana, que llamamos "sociedad". De hecho, podemos catalogar al siglo XIX como el siglo del surgimiento de los estados nacionales. Desde las guerras napoleónicas hasta el comienzo de la Primera Guerra Mundial, nacieron la mayoría de las naciones que conocemos hoy. La adopción de símbolos patrios como banderas, himnos, escudos de armas y todo tipo de alegorías que afianzan la identidad nacional (música tradicional, plato típico, historia oficial, ave nacional, traje nacional, flor nacional, etc.), comenzó a ser una práctica que implantaron todos los Estados decimonónicos que aspiraban a modernizarse.

A partir de la aparición del Estado, sostiene Dalmacio Negro: "La neutralidad invade la vida espiritual europea" (Negro, 2021, p. 162), entendiendo por neutralidad la voluntad de estar al margen del conflicto y si a esta tendencia le sumamos la aparición de las llamadas ciencias naturales, en palabras del autor, la neutralidad se volverá un concepto político fundamental en la conformación del Estado. Sobre esto, apunta:

> "El ser neutral es una propiedad de lo técnico; los instrumentos carecen de moralidad (...) Hay estilos y modos de pensar y la difusión de la neutralidad constituye una consecuencia del modo del pensamiento estatal, impregnado de tecnicidad". (Negro, 2021, p. 162)

Los teóricos más importantes del Estado, como Hobbes y Bodino, pero especialmente este último, ven a este Estado artefacto, como una máquina o un medio técnico eficiente para acabar con las guerras civiles (también llamadas religiosas, pues eran entre protestantes y católicos) en la Europa de los siglos XVI y XVII.

Sobre este cambio histórico desde la aparición del Estado, el jurista alemán Carl Schmitt hace una precisión impactante, que incluso irradia hacia la filosofía de la historia. Schmitt ve en la ruptura entre la teología cristiana y el racionalismo científico "el giro más fuerte y cargado de consecuencias de la Historia europea" (Schmitt, trad. 1963, p. 50), ya que a partir de esa ruptura aparecerá un afán en Europa por crear una "esfera neutral", luego de un período de guerras de religión[46] intestinas

---

[46] El escritor y teólogo guatemalteco Guillermo W. Méndez, con muy buenos argumentos, se halla particularmente en contra de llamar "guerras de religión" a los enfrentamientos civiles ocurridos en Europa

que finalmente cesaron con la Guerra de los Treinta Años. Frente al conflicto que esos temas teológicos generaban, Europa va a optar por la "neutralización" de esa "área central" del espíritu europeo y luego esa neutralización va a tomar varias formas a lo largo del tiempo. Sobre esto, detalla Negro:

> La religión no es neutral, puesto que se refiere a la verdad –a la realidad–, que es lo que es. Sus criterios sobre el bien y el mal pueden ser irreconciliables con las opiniones y, aunque sea más o menos tolerante en la práctica según la doctrina, las circunstancias y las personas, no puede ser neutral. En cambio, la política se refiere a la opinión y si el Estado, que monopoliza la política, se declara neutral en materias religiosas, metafísicas, morales, económicas, etc., puede imponer neutralidad como opinión gracias a su superioridad. (Negro, 2021, p. 163)

De esta manera, *lo político* encarnado en el Estado neutralizará la intensa politicidad destructiva de la sociedad, derivada de los conflictos religiosos, para poder, de esta forma, establecer la paz. Pero ese Estado neutral también será soberano en su poder y, por tanto, podrá hacer leyes. A partir de este momento, la ley y el derecho de las gentes estarán estrechamente vinculados al Estado soberano.

---

durante la Guerra de los Treinta Años. Esta visión de que los conflictos fueron de exclusivo carácter confesional, dejando por fuera el elemento político-territorial en la formación temprana de los Estados modernos europeos, ha sido implantada por los historiadores de la Ilustración, que veían en la religión un atavismo de fanáticos que exaltaba la violencia. Sobre esto, ver: Méndez López, Guillermo W. *¿Guerras de religión o la historia bajo juicio?* Guatemala. Serviprensa, 2018.

Posteriormente, se producirá una reacción a la lógica compulsoria y expansiva del Estado: La revolución[47], la cual Weber refiere como "la más reciente evolución que, ante nuestros ojos, intenta expropiar a este expropiador de los medios políticos y, por tanto, también del poder político" (Weber, 1979, p. 91). Con la aparición de las revoluciones liberales y el constitucionalismo, el Estado otorgará "garantías" a las personas a través de las cartas de derechos y aquí deviene otro elemento más a la neutralidad, ya que esos derechos eran para todas las personas, clases medias y pueblo llano, y dejó de estar reservado a la nobleza y a la Iglesia. Es por esta razón que, al Estado asumirse neutral, en tanto instancia racional y objetiva, es que puede efectivamente justificar el laicismo en las escuelas, e intervenir en los demás fenómenos sociales sujetos a la politización o al conflicto. Comenta Dalmacio Negro:

> "El pensamiento estatal apela siempre a la neutralidad para justificar la expropiación universal al estilo bolchevique o cualquier intromisión en los aspectos de la vida". (Negro, 2021, p. 164)

La Modernidad es entonces, pues, la época de la estatalidad. De hecho, Carl Schmitt refiere en su magistral ensayo de 1932, "La era de las neutralizaciones y de las despolitizaciones", contenido en su obra maestra *El concepto de lo político*, que para el siglo XX, Europa vive un momento de

---

[47] Según Hannah Arendt, la revolución es un fenómeno reciente exclusivo de la Edad Moderna, y su fin siempre ha sido la "libertad" y no busca simplemente deponer un gobierno por otro (diferenciándose en ese sentido de la guerra en sus fines, no en sus medios), sino que busca transformar a la sociedad. Arendt, Hannah. *Sobre la Revolución*. Madrid. Alianza Editorial. 2013.

"intensiva estatalidad" y que el Estado vendría a ser una suerte de "núcleo de la historia moderna de Europa".

De allí que en el desarrollo de este excelso escrito, Schmitt emprenda un recorrido por los últimos cuatro siglos de historia europea y tome grandes momentos como forjadores del *zeitgeist* europeo, que van de lo teológico a lo metafísico; luego, de lo humanista a lo moral y, finalmente, a lo económico,[48] que no serían más que instancias o "áreas centrales" y cambiantes en las que ha orbitado la vida europea en los últimos cuatro siglos.

Al comienzo del ensayo, Schmitt hará una precisión primordial para la historia europea, que aún se extiende a nuestro presente, y es que Europa vive "bajo la lupa rusa", y que Rusia es ese hermano radical que siempre lleva a Europa a llegar hasta sus últimas consecuencias prácticas (Schmitt, 1963, p. 45). En aquel momento, 1929, Schmitt señala lo siguiente a una década del funesto experimento soviético:

> sobre el suelo ruso la anti-religión y el tecnicismo se están haciendo en serio y que aquí está surgiendo un Estado que es más estatal y más intensivamente estatal de lo que jamás haya sido el Estado del más absoluto de los príncipes como Felipe II, Luis XIV o Federico el Grande. (Schmitt, 1963, p. 45)

Sobre la *secuencia de las áreas centrales cambiantes*, que parecieran en sí mismas una breve filosofía de la historia europea de los últimos siglos, Schmitt expone varios hitos

---

[48] Con todo lo vivido en los últimos años por la pandemia del Covid-19, pero ya incluso desde antes con temas como la obesidad y el tabaquismo, no es de sorprender que incluso el área central que ha adoptado la neutralidad estatal en estos momentos se haya desplazado de lo económico, a *lo terapéutico*.

fundamentales del espíritu europeo. El problema, según Schmitt, es que los filósofos tomarán esta transformación exclusivamente europea y la convertirán en una suerte de ley histórica mecanicista, aplicable a toda la Humanidad, que se dirige hacia el progreso en su conjunto. Esas áreas centrales cambiantes de los últimos cuatro siglos solo competen al ámbito europeo y de ninguna forma tiene una extensión universal.

El primer hito fundamental lo ubica Schmitt en la transición entre la teología y la metafísica entre el siglo XVI y el siglo XVII, donde sitúa el apogeo del racionalismo occidental:

> Esta época del pensamiento sistemáticamente científico abarca simultáneamente a Suarez y a Bacon, a Galileo, Kepler, Descartes, Grotius, Hobbes, Spinoza, Pascal, Leibnitz y a Newton. Todos los sorprendentes descubrimientos matemáticos, astronómicos y de ciencias naturales de esta época estaban insertos en un gran sistema metafísico o 'natural'. (Schmitt, 1963, p. 46)

Luego en el siglo XVIII, refiere Schmitt que con la ayuda de una "filosofía deísta", se dejará de lado la metafísica para centrarse en un humanismo racionalista cuyo *pathos* será la "virtud":

> Se puede seguir detalladamente cómo Suarez continúa actuando en innumerables escritos populares. Para algunos conceptos fundamentales de moral y teoría del Estado, Puffendorff es sólo un epígono de Suarez y, por último, el "contrat social" de Rousseau otra vez tan sólo una vulgarización de Puffendorff. Pero el pathos específico del Siglo XVIII es el de la "virtud"; su palabra mítica "vertu", es decir: deber. (Schmitt, 1963, p. 46)

Y luego en el siglo XIX, dominarán las tendencias estético-románticas y económico-técnicas, que encuentran en el consumo las categorías centrales de la existencia humana:

> "Es sólo una transición lograda mediante la esteticización de todas las esferas espirituales y, de hecho, de un modo muy sencillo y exitoso. Porque el camino de lo metafísico a lo moral y de allí a lo económico pasa por lo estético, y el camino por el consumo y el placer estéticos –y sean éstos todo lo sublimes que se quiera– es el camino más seguro y más cómodo hacia la economización general de toda la vida espiritual y hacia una concepción mental que encuentra en la producción y en el consumo las categorías centrales de la existencia humana. (Schmitt, 1963, p. 46)

De hecho, gracias a los adelantos técnicos e industriales de esta época, comenta Schmitt, "surge una religión del progreso tecnológico para la cual todos los demás problemas se solucionarían por sí mismos precisamente por medio del progreso tecnológico" (Schmitt, 1963, p. 47). Para Schmitt, todos los conceptos de la esfera espiritual se comprenden desde la existencia política concreta:

> "Cuando el centro de la vida espiritual se desplaza en los últimos cuatro siglos, constantemente también se desplazan en consecuencia todos los conceptos y palabras, y se hace necesario recordar el múltiple significado de cada palabra y cada concepto". (Schmitt, 1963, p. 47)

De manera que, prosigue Schmitt, en la época del pensamiento liberal económico-técnico, el progreso se piensa en términos de crecimiento económico y desarrollo y el progreso moral se dejará de lado por ser subproducto del primero. Así las cosas, todos los problemas hallarán solución en torno a esa "área central" de la sociedad: todo lo resolverán la economía y el mercado. Al igual que para una época humanitaria-moral, todos los problemas se solucionarán mediante la educación y la formación moral de las personas:

> En la época del pensamiento económico o técnico, el progreso se piensa, de un modo sobreentendido y natural, como progreso económico o tecnológico y el progreso humanitario-moral aparece –en la medida en que aún interesa en absoluto– como un subproducto del progreso económico. (Schmitt, 1963, p. 48)

Refiere Schmitt que cuando un área se convierte en central, los problemas de las demás áreas se solucionan a partir de ella y valen solo como problemas de segundo orden, cuya solución se dará por sí misma cuando los problemas del área central se encuentren solucionados. De allí que los liberales *ridens* deriven que solo dejando libres a los mercados, la política pasará a un segundo plano y los demás órdenes de la vida hallarán una forma eficiente de resolverse. Con propiedad privada y crecimiento económico, la naturaleza humana encontrará solución "por añadidura" o como simple consecuencia lógica de lo primero. Así el *clerc* de los siglos XVII y XVIII, se convertirá en el economista de los siglos XX y XXI.

De allí que, para Schmitt, el Estado, en tanto forma histórica mejor acabada de *lo político*, "recibe su realidad y su fuerza desde el área central vigente porque los temas de conflicto decisivos que hacen a los agrupamientos del tipo amigo-enemigo". En ese sentido, en un Estado económico: "no pueden existir dos sistemas económicos contradictorios. El orden económico capitalista y el comunista se excluyen mutuamente".

En este punto, Schmitt hace otra precisión capital: un Estado que se halle inmerso en una época económica: "forzosamente debe declararse neutral frente a las cuestiones y decisiones políticas, con lo que renuncia a su pretensión de gobernar". (Schmitt, 1963, p. 49)

Es por esta razón que cuando los liberales *ridens* llegan al punto de ver a la política como una "mera perturbación de la economía", lo que hacen más bien, paradójicamente, es poner en relieve el carácter profundamente político de la economía en el mundo actual y la gran politización de las relaciones económicas y sus instituciones, como el mercado. Parafraseando a Julien Freund: *toda despolitización disimula la máxima politización.* De hecho, al darle esa importancia a los mercados lo que hacen los liberales *ridens* fervorosos del negocio es reconocer que el área central de la política y el agrupamiento amigo-enemigo, se ha trasladado al ámbito económico.

Sin embargo, estos liberales *ridens*, fervientes creyentes de la religión de los mercados olvidan (como bien nos ha referido el profesor Andrés Rosler en diversas oportunidades) que el liberalismo nace, precisamente, de la "confianza" frente al poder estatal[49]. Es decir, el liberalismo es el "gobierno de la ley" (*rule of law*) y el Estado constitucional frente al ejercicio arbitrario del poder. En ese sentido, cabe afirmar que el liberalismo, en concreto, no abjura de suyo la existencia del Estado. De hecho, el liberalismo en sí mismo tiene una densa raíz estatal (por ende, política), ya que necesita del Estado (y no cualquier forma de política anterior, sino específicamente del

---

[49] Sartori, Giovanni. *Elementos de teoría política*. Madrid. Alianza Editorial. 1992. p. 121-122.

Estado moderno centralizado) para llevar a cabo su "proyecto" de protección de libertades y de derechos individuales[50].

Esta afirmación nos remite necesariamente a Hobbes y al origen del concepto de libertad negativa, entendida como "ausencia de interferencia"[51], concepto utilizado por John Locke y por los filósofos escoceses y predilecto de liberales *ridens* como Hayek[52]. Interesantemente, Hobbes se inclina por la libertad negativa para reconciliar libertad con autoridad y que de esta forma no se equipare cualquier decisión del soberano con una restricción a la libertad (Rosler, 2018, p. 44).

En ese sentido, sobre esta fuerte intensidad política de la cual bebió el liberalismo en sus orígenes, comenta el pensador conservador irlandés y profesor de Ciencia Política en la Universidad de Notre Dame en Estados Unidos, Patrick. J. Deneen, que "el liberalismo fue la primera arquitectura política que propuso transformar todos los aspectos de la vida humana para ajustarlos a un plan político preconcebido" (Deneen, 2018, p. 21). Es decir, según Deneen, al ser una ideología estatal:

---

[50] Jerónimo Molina Cano refiere en ese sentido que el politólogo alemán Günter Maschke, quien a propósito de la "leyenda" del liberalismo agnóstico y neutral (según Schmitt) del siglo XIX, insistía en que la gran obra del Estado liberal del XIX no podría haber sido abordada si el liberalismo de la época hubiera sido realmente "tan infantil" desde el punto de vista político.

[51] Comenta Rosler que, si bien el concepto de libertad negativa se le adjudica a Hobbes, según Quentin Skinner, Maquiavelo es el primero que la utiliza (Rosler, 2018, p. 33).

[52] No todos los liberales *ridens* parten de la definición de libertad negativa. Por ejemplo, John Stuart Mill tiene una concepción positiva de la libertad, como bien acota Hayek en su ensayo "Individualismo, el verdadero y el falso".

> Finge ser neutral, afirmando que no existe preferencia alguna y negando pretender moldear las almas de quienes viven bajo su gobierno. Se congracia con ellos invitándoles a la amable senda de las libertades, las diversiones y atractivos de la libertad, al placer y la prosperidad. (Deneen, 2018, p. 21)

De manera que la fuerte raíz política y estatal del liberalismo nos remite al postulado hobbesiano de que el Estado es el único medio o instrumento que puede "liberarnos" realmente de la tiranía de la naturaleza[53] y, agregamos, al liberarnos del estado de naturaleza y de la violencia interminable, podemos permitirnos espacios de libertad para crear e intercambiar. Para Deneen, al igual que para Berlin, al ser el liberalismo una ideología siempre partirá de una concepción errada de la naturaleza humana y siempre describirá parcialmente la realidad. Por eso, la realidad siempre quedará en falta cuando se la contrasta con sus postulados.

En ese sentido, ¿puede haber comercio libre de ataduras (casi *ad vacuum*) donde no exista ni por asomo la compulsión o interferencia del Estado? En el libro anteriormente citado en el primer capítulo, *The better angels of our nature*, a partir de Elias, Pinker llega a una observación fascinante y es que el proceso

---

[53] Esta idea es aún más clara cuando estudiamos al Estado liberal del siglo XIX, donde el Estado sería el principal "impulsor" de lo que algunos llaman el "Proyecto Ilustrado de la Modernidad". El Estado liberal decimonónico pretende entonces "liberarnos" del atraso, proporcionarnos luces mediante la instrucción pública y destruir las cadenas de la ignorancia y del oscurantismo, orientándonos hacia el "progreso". Sobre esto ver ensayo: (Martínez Cánchica, Alejandra. "Liberalismo liberal vs. Liberalismo estatista en la tradición anglosajona". *Revista Fe y Libertad*. Vol. 2. N° 2. Julio-diciembre 2019. p. 89-100).

civilizatorio del *doux commerce* estuvo de la mano con la aparición del Estado:

> "Los dos desencadenantes del Proceso Civilizador –el Leviatán y el comercio gentil– están relacionados. La cooperación de suma positiva del comercio florece mejor dentro de una gran carpa presidida por un Leviatán". [traducción propia] (Pinker, 2011, p. 77)

Sobre este punto, tienen tanto Negro Pavón como Panebianco una tesis controversial desde la óptica liberal más "liberista" o libertaria: el sistema de derechos de propiedad se desarrolló en Europa, en parte, gracias a las exigencias bélicas de los soberanos. Con el surgimiento de la forma estatal (y de los conflictos entre Estados), los soberanos se vieron obligados a hacer concesiones a la burguesía comercial para poder financiar las guerras, lo cual, finalmente, impulsó la economía de mercado (Panebianco, 2009, p. 128); pero también las exigencias de la guerra y el sacrificio compartido que implica para los ejércitos, obligó a los monarcas a hacerles concesiones de representación política (Porter, 1994, p. 26).

A propósito de los orígenes militares de la formación estatal, el politólogo conservador y mormón estadounidense, Bruce D. Porter, afirma que las guerras en Europa durante los siglos XVI y XVII, al debilitar o destruir estructuras tradicionales y propiciar reformas internas, crearon las condiciones para la "modernización política", entendiendo la 'modernización' no en el sentido de progreso, sino simplemente el paso de formas medievales, tradicionales, personales y descentralizadas de gobierno, hacia formas burocráticas, racionales, centralizadas e impersonales. En ese sentido, afirma el autor:

Una consecuencia de las guerras europeas desde el Renacimiento hasta la Segunda Guerra Mundial fue el aumento del tamaño y el poder de los gobiernos centrales. Al imponer la paz en sociedades violentamente divididas, los estados fuertes ayudaron a evitar las catástrofes gemelas hobbesianas de la guerra civil y la anarquía. Desafortunadamente, el precio de este dividendo fue, con demasiada frecuencia, la pérdida de libertad política. [traducción propia] (Porter, 1994, p. 7).

Más allá del entendimiento de Porter —por demás muy propio de la mentalidad estadounidense— del poder estatal soberano como contrario a la libertad, es valioso su análisis histórico al vincular al Estado como una formación histórica específica, producto de la guerra entre ejércitos privados desde la guerra de los Cien Años hasta la paz de Westfalia. Interesantemente, el autor sostiene que las distintas modalidades del Estado que emergieron en Europa entre los siglos XVI-XX, tienen que ver con las características de los ejércitos en su organización y administración y las formas en que se desarrollaron las guerras. De allí que la primera forma de Estado que surge entre los siglos XVI-XVIII es el *Estado dinástico*, con sus modalidades de monarquía absoluta y monarquía constitucional, las cuales, a pesar de ser una formación estatal moderna, aún preservan sus orígenes medievales manteniendo rasgos del fuero real privado.

Luego, en los siglos XVIII y XIX, gracias a las grandes revoluciones atlánticas, americana y francesa, además de la aparición del fenómeno nacionalista que cristalizó con las guerras napoleónicas, esos Estados dinásticos se transformarán en el *Estado-nación*, bajo las modalidades de monarquías constitucionales o repúblicas democráticas, y convirtiéndose, a su vez, en la formación política dominante en Europa y en buena parte del mundo[54]. Finalmente, se llegaría a un tercer estadío en la formación estatal, que sería el *Estado colectivista*, el cual aparece a partir de la Primera Guerra Mundial y se caracteriza por las guerras industriales, la sociedad de masas, el intervencionismo gubernamental en la economía y sus modalidades serían el Estado de bienestar y el Estado totalitario. El proceso de centralización y racionalización del poder político en el artefacto estatal probó ser efectivo: según Porter, en el siglo XIV existían alrededor de mil entidades políticas separadas en Europa; para el año 1500, el número había caído a 500; en 1789, se hallaban por debajo de 350 y para 1900, existían solamente 25 (Porter, 1994, p. 27)[55].

Podemos afirmar que "algo" (siendo ese "algo", el Estado) debe mantener el orden civil esencial para que el libre mercado pueda prosperar, de manera que el mercado es un orden social que, desde hace siglos, se halla sostenido por un régimen de legalidad previo que existe históricamente en la órbita estatal. No solo la amenaza coactiva que solamente el Estado puede

---

[54] Entre 1815 y 1885 nacerían la mayoría de los estados nacionales en Europa, pero también en América Latina, por ejemplo.

[55] Comentan tanto Porter como Negro Pavón, que en el proceso centralizador estatal fue imprescindible la complejidad que cada vez fue teniendo la guerra a inicios de la Edad Moderna. La utilización de la pólvora fue el gran logro tecnológico-bélico, que si bien descubierta por los chinos, no fue sino gracias a la mentalidad moderna europea que comenzó a usarse en la artillería de los futuros monarcas para demoler los castillos feudales. La aparición de la artillería, por lo general muy costosa para la nobleza tradicional, se terminó convirtiendo en un monopolio del poder central. Así aparecieron los "nuevos monarcas", que serán los antecedentes de los Estados modernos europeos: Luis XI en Francia, los reyes católicos de Castilla y Aragón en España y Enrique VII de Inglaterra.

imponer a toda la sociedad sube los costos de obtener bienes y riqueza a través del robo, sino que, además, sin la disuasión neutral del Estado moderno, no puede haber un orden fundado en la propiedad privada tal como lo conocemos hoy en día. Con esto no queremos decir que el Estado sea eterno, inescapable o insuperable, pues en tanto forma política (por lo demás, artificial) puede decaer y desaparecer; lo que queremos poner en relieve es que la aparente tensión entre Estado y mercado es realmente una cuestión de grados y cantidades (¿cuánto Estado, cuánto mercado?) y no un conflicto existencial, como expresa la religión del liberalismo economicista de los mercados que busca neutralizar e incluso abolir al Estado mediante la ilusión de armonía idílica de la virtuosa sociedad comercial.

Por otra parte, las polémicas y controversias sobre cuánto Estado o cuánto mercado es necesario, están englobadas dentro de la disciplina de la Economía Política, que Julien Freund[56] también ha llamado la 'Cuestión Social', que sería la mediación entre las esencias de *lo político* y *lo económico*. Sobre este punto, escribe Jerónimo Molina Cano:

> "una vez superada la filosofía moral y económica que proclamaba la armonía entre Político y Económico, y cuyo epónimo fue Adam Smith (o, más tarde, Federico Bastiat), vióse con acuidad, mediando ciertamente el impacto de la revolución industrial y de la nueva mentalidad humanitarista,

---

[56] La teoría de las esencias, de Julien Freund, ha sido su aporte primordial en el campo de las ideas. En su obra *La esencia de lo político* lograría desarrollar una, quedando por desarrollar el resto. Básicamente, lo político se engloba en tres presupuestos, a saber: la relación mando-obediencia, privado-público y amigo-enemigo.

En este punto hay un apartado en donde estos tres presupuestos siempre se presentan bajo una relación dialéctica.

que Político y Económico habían devenido dominios irreconciliables. De estas mutaciones históricas no sólo se derivaron las polémicas, todavía hoy vigentes, acerca del intervencionismo económico y de la dimensión moral de la actividad económica. (Freund, 1982, p. 278)

Para Freund, la sola idea de conciliación o de solución definitiva, o rebasamiento, es negadora de la política:

> Cierto que existen movimientos de ideas e ideologías que se imponen como fin la reconciliación definitiva y total del conjunto de los hombres y de las relaciones humanas; pero esta escatología adopta entonces un carácter moral o religioso y no ya político. (Freund, 1968, p. 118)

De manera que su dialéctica, prosigue Freund, es una dialéctica abierta, que se presenta en dos aspectos: la dialéctica antitética y la dialéctica antinómica. La dialéctica antitética se refiere a la dialéctica interna de una esencia, que concierne a su descripción fenomenológica, opone en el interior de un presupuesto los dos conceptos que forman su relación (Ej., el orden, la lucha, la opinión, el consumo, el intercambio, la producción, etc.). La dialéctica antinómica es la que hace que las esencias se opongan entre ellas y determine su significado, es decir, opone las esencias entre ellas (lo jurídico, la técnica, la cuestión social).

Proseguimos con las precisiones de Julien Freund sobre la cuestión social. En varios ensayos tardíos intitulados "Doctrina política, doctrina social y doctrina económica; La cuestión social" (1981-82); "Algunas ideas sobre lo político" (1972), y otros más entre los que también figura su monumental trabajo *La esencia de lo político* (1968), Freund elabora una crítica a ese liberalismo económico muy en boga por aquellas décadas

99

de los setenta y ochenta[57], décadas creyentes del reino feliz que promueve la solución final de los mercados.

Según Freund, el desarrollo del liberalismo, o la dialéctica antinómica entre *lo político* y *lo económico*, estriba en lo que ha llamado la "cuestión social". Para Freund, lo social es lo que media entre dos esencias: lo político y lo económico, así que lo social no pertenece ni a la una ni a la otra, sino que se difumina entre estas dos esencias. De tal suerte, para Freund existe una confusión entre capitalismo, economía liberal y economía de mercado, términos que la propia historiografía liberal ha confundido y fusionado deliberadamente, pues señala que el único momento en donde liberalismo político y librecambismo de mercado han coincidido en la historia ha sido en Inglaterra y Estados Unidos. *Capitalismo* es un sistema económico afincado en la reinversión de los excedentes. *Economía liberal* es un término acuñado por los propios socialistas a finales del siglo XIX para referirse a la economía clásica y *economía de mercado* es la economía derivada de la propiedad privada de los medios de producción y de un sistema de precios sin interferencias.

Para Freund, el capitalismo es un sistema económico basado en la reinversión de excedentes y en el crecimiento y que "puede funcionar con independencia del régimen político, ya sea democrático, dictatorial o de otro tipo" (Freund, 1982, p. 279-280). En ese sentido:

---

[57] Recordemos los premios Nobel de Economía otorgados a F. A. Hayek en 1974 y a Milton Friedman en 1976 y el éxito que obtuvieron las ideas de libre mercado durante los gobiernos de Ronald Reagan y Margareth Thatcher en los ochenta.

El capitalismo puede presentar dos versiones en virtud de una decisión política: la liberal o la socialista. En el caso del liberalismo, la inversión se realiza en el marco de la propiedad privada; según la iniciativa de cada empresa individual; en el del socialismo, la colectividad en su conjunto lleva a cabo las inversiones, según un plan definido por la voluntad política. (Freund, 1982, p. 279-280)

Antes de proseguir, es importante acotar que Freund no discute aquí cuál de las dos versiones del capitalismo es más eficiente o mejor para lograr la satisfacción de necesidades y los fines de la economía. Más allá del prurito que esta aseveración despierta en muchos liberales micro-árquicos y an-árquicos, Freund pareciera zanjar el debate entre liberalismo y socialismo estableciendo que ambas versiones del capitalismo son la consecuencia histórica de la Revolución Industrial. Para Freund, a diferencia de los marxistas utópicos, el socialismo no es la fase posterior del capitalismo; de hecho, argumenta que el socialismo no puede existir sin capitalismo y que el fin del capitalismo también implicará el fin del socialismo. Para Freund, tanto liberalismo como socialismo son las posturas morales, en todo caso en un régimen fundado en la opinión, en torno a quiénes deben quedarse con los excedentes del capital[58].

---

[58] En la distinción que Freund hace entre régimen y Estado, socialismo y liberalismo sería la discusión entre el tipo de régimen que se usará en la administración de esa unidad política llamada Estado (régimen de propiedad privada, régimen de propiedad colectiva, etc.). Para estos efectos, el régimen es el lugar de las tensiones de lo político que el Estado intenta atemperar. Un Estado sin régimen es una potencia sin acto, lo que le da vida al Estado en tanto ente neutral, es el régimen.

En ese sentido, riqueza y pobreza, distintas de abundancia y escasez, serían en este caso, el primer presupuesto de *lo económico*. La pobreza, señala Freund, en todo caso es relativa, ya que una persona bien abastecida puede sentirse pobre en relación a otra mejor provista. La distribución sería entonces la dialéctica entre la riqueza y la pobreza y viene atravesado por el concepto de *justicia*. Sobre si la creencia de que quitarles a los ricos para darle a los pobres es lo justo y resolvería la cuestión social, Freund argumenta que no y que es una *engañifa*: "Semejante proceso únicamente conduce a empobrecer a todo el mundo, pues sólo donde hay riqueza se puede elevar el nivel de vida" (Freund, 1982, pp. 280-281).

El segundo presupuesto de lo económico será la relación entre donación y vindicación, que estribaría en la idea de si la *solidaridad* debe ser voluntaria o impuesta. Lamentablemente, Freund no se extiende suficientemente en este interesante punto.

En otro de sus escritos sobre el tema, Freund hace otra precisión histórica al definir al liberalismo contemporáneo (se refiere al liberalismo de la Posguerra) como una fuerza política marginal que prácticamente sirve de bisagra para sumarse, en algunos temas, a los conservadores y en otros, a los socialistas. De hecho, asegura que los socialistas han tomado la cuota que otrora perteneciera a los liberales. Infelizmente, para Freund, el *revival* que tuvo el liberalismo en las décadas de los setenta y ochenta (cuando los gobiernos comienzan a liberalizar y a desregular los mercados) olvidó completamente su densa raíz política de los tiempos del viejo *liberalismo clásico*, para pasar a convertirse en una monserga economicista negadora de la política, lo cual le ha hecho aún más irrelevante en la esfera pública.

En este punto, Freund hace un aporte sumarial con su sociología del conflicto, ya que sostiene que el liberalismo, que se ha convertido más bien en una "religión de mercado", es una ideología "despolitizadora" que se basa en una noción no conflictual de la sociedad, ya que afirma que el sinnúmero de fines de cada ser humano no se contraponen entre sí y que eventualmente el mercado hallará una solución eficiente para su reacomodo. Para Freund, contrariamente a lo que creen los liberales, el pacifismo, en lugar de eliminar el conflicto, lo exacerba porque niega la existencia del enemigo. Sobre este punto hablaremos en el siguiente capítulo, a propósito de Carl Schmitt.

A este respecto, y antes de proseguir, explicaremos otro concepto freundiano, esbozado en *Sociología del conflicto*. Se trata de "lo polémico y lo agonal" (Freund, 1995, p. 69-70). De acuerdo con esta categoría, lo político (el Estado, el gobierno civil, etc.), allá dónde hay una dimensión polémica, tiende a fundar un orden de reglas y de derecho, convirtiendo el conflicto en una instancia agonal, de competencia o rivalidad, más no enemistad. La política de carácter agonal tenderá a la postergación racional del conflicto, suprimiendo su potencialidad polémica; esta será la diferencia entre lucha y combate reglamentado. En ese sentido, el liberalismo *ridens*, a través de la ideología de los mercados, posee la tendencia a reconducir el conflicto político a simples formas de competencia y rivalidad empresarial, buscando de este modo el equilibrio social de acuerdo con mecanismos que son ajenos a *lo político*.

A partir de este punto, se halla una parte toral en este trabajo, pues veremos ejemplos de cómo los liberales *ridens* más economicistas y despolitizadores (los micro y an-árquicos) verán una "agresión violenta" en cualquier interferencia estatal en la actividad económica, la cual buscarán proscribir a toda costa. Desarrollaremos este punto de seguidas, valiéndonos de varios ejemplos.

Regresando a las líneas iniciales de este capítulo, hablábamos de la idea hayekeana de que el orden social es pre-político y que su existencia no depende de la acción deliberada de ningún individuo. Esa noción implica que el orden social no es consecuencia directa de una decisión política, sino al contrario: la política es consecuencia de un orden social "natural" y "espontáneo", y, por ende, esta no debe interferir, diría Hayek, en el curso natural de un progreso no deliberado que ha sido posible gracias a la suma de las acciones de los individuos en libertad[59]. *Al orden social natural no puede interferirlo el orden artificial de la intervención del Estado*, mediante la planificación centralizada, cuyo método es ineficiente para la correcta asignación de recursos y contrario a las libertades. Sobre esto, acota:

> El liberalismo económico se opone, pues, a que la competencia sea suplantada por métodos inferiores para coordinar los esfuerzos individuales. Y considera superior la competencia no sólo porque en la mayor parte de las circunstancias es el método más eficiente conocido, sino, más aún, porque es el único método que permite a nuestras actividades ajustarse a las de cada uno de los demás sin intervención coercitiva o arbitraria de la autoridad. (Hayek, 2007, pp. 66-67)

---

[59] Si bien Hayek parte de la idea hobbesiana de la política como artificio, la gran diferencia está en que para Hobbes antes de la política había un estado de naturaleza destructor y que solo la política hizo posible la vida en sociedad. Para Hayek, antes de la autoridad del gobierno existieron la moral, la ley y el intercambio.

Al igual que F. A. Hayek, la teoría de la acción humana de Ludwig von Mises, aunque más apriorística, también verá en la interferencia estatal una perturbación fuerte a la cooperación social y al proceso libre y deseable de los mercados. No obstante, si bien los liberales *ridens* micro-árquicos, aceptan la existencia del Estado, sí verán como una amenaza cualquier coacción estatal que vaya más allá de la justicia y es por esta razón que estarán en contra tanto del compulsivo Estado totalitario comunista, como del benévolo Estado de bienestar democrático, que, si bien admite al mercado, lo limita con sus ataduras político-redistributivas:

> El interludio intervencionista tiene que llegar a su fin porque el intervencionismo no puede llevar a un permanente sistema de organización (...) Al abolir el cálculo económico, la adopción general del socialismo acabaría en un completo caos y en la desintegración de la cooperación social bajo la división del trabajo. (Mises, 2011, pp. 1013-1016)

Sin embargo, más adelante, interesante y contradictoriamente, incluso no descarta el uso de la coacción violenta del Estado, siempre y cuando ésta se subordine a los fines de procurar el establecimiento del libre mercado en la sociedad:

> Se puede cambiar a un sistema más eficiente sólo si la gente es suficientemente inteligente para comprender las ventajas de semejante cambio. El cambio también pueden producirlo los invasores extranjeros, dotados de un equipo militar mejor gracias a la mayor eficacia de su sistema económico. (Mises, 2011, p. 1016)

Por su parte, los liberales *ridens* an-árquicos son quienes llevarán al extremo la neutralización de los mercados libres sin intervención estatal, al punto de atacar al Estado en tanto disrupción a la libre actividad económica, e incluso plantearse abolirlo.

Murray Rothbard, discípulo esmerado de Mises, en su obra *Power and Markets*, verá en la compulsión del Estado en el mercado el óbice de las sociedades libres. Las intervenciones del Estado a la propiedad privada siempre serán intercambios políticos (no voluntarios) hegemónicos, es decir de mando y obediencia, porque siempre tendrán la amenaza real de fuerza. Dicho de otra forma, desde los impuestos, la política monetaria, controles de precios, hasta la confiscación, atentan contra las libertades individuales, pues extraen rentas de los agentes económicos. Toda intervención, entonces, causa pérdidas en la utilidad de la sociedad. Y en toda intervención, por ende, en contraste con el libre mercado, un grupo de hombres ganará *a expensas* de otro. De hecho, Rothbard argumenta que la interferencia del Estado es la que hace que las relaciones comerciales en el mercado se distorsionen en juegos de ganancia y pérdida y perturben la satisfacción completa de los intereses de los actores que intercambian:

> En el mercado, por tanto, no puede existir la explotación. Pero la tesis del conflicto de intereses es cierta siempre que el Estado o cualquier otro organismo interviene en el mercado (...) En el mercado todo es armonía. Pero en cuanto aparece y se establece la intervención, se crea el conflicto. (Rothbard, 2009, p. 1064)

Hans-Hermann Hoppe[60], alumno aventajado de Rothbard, sostendrá una posición similar al desarrollar su teoría de la propiedad privada: "toda intervención en cualquier lugar, grande o pequeña, aquí y allá, produce un efecto perturbador particular en la estructura social" (Hoppe, 2010, p. 11). Hoppe en tanto *anarcocapitalista*, además, se sale del plano meramente económico cuando refiere que la propiedad en el socialismo no tiene ningún tipo de justificación moral desde el imperativo categórico kantiano; para que un orden social sea justo debe ser general y aplicable a todos por igual. Por supuesto, el capitalismo no solo pasa la prueba de la universalización, sino que también es la pre-condición lógica de cualquier justificación moral de la propiedad privada. En ese sentido, sentencia [traducción propia]:

> Sin razones económicas o morales sólidas para su existencia, el socialismo y el Estado quedan entonces reducidos a fenómenos de relevancia meramente sociopsicológica, y serán explicados como tales. Guiado por tales consideraciones, el debate vuelve finalmente a la economía. (Hoppe, 2010, p. 15)

De hecho, el economista de la Escuela Austríaca y liberal an-árquico Jesús Huerta de Soto llevará las premisas axiomáticas *miseanas* a sus últimas consecuencias lógicas en su definición de la función empresarial como: "cualquier persona que actúa para modificar el presente y conseguir sus objetivos en el futuro"

---

[60] Jerónimo Molina Cano, traductor al español de Hans-Hermann Hoppe, en el prólogo de *Monarquía, democracia y orden natural*, esgrime que tanto Rothbard como Hoppe, si bien son anti-estatistas, no son necesariamente anti-políticos, ya que no niegan la llamada "centralidad de *lo político*". Lo que sucede, refiere Molina, es que probablemente este detalle pasa inadvertido entre los propios liberales, debido a la confusión entre Estado y gobierno. (Hoppe, 2012, p. 11-12)

(Huerta de Soto, 2014, p. 41). De esta cuenta, si la función empresarial es toda acción intencionada y socialismo es "todo sistema de agresión institucional al libre ejercicio de la función empresarial" (Huerta de Soto, 2014, p. 87), entonces función empresarial y socialismo son todo y nada al mismo tiempo. En este plano, se desnaturaliza completamente a *lo político* y se metaboliza y subordina prácticamente todo lo humano enteramente a la economía.

Por último, en su vertiente más doctrinaria, estos liberales an-árquicos beben de la utopía de la "anarquía ordenada", la cual sostiene que, en un mercado completamente libre de la compulsión estatal, la sociedad jamás degeneraría en una guerra hobbesiana del "todos contra todos". Se trata de una sociedad en donde la seguridad, en lugar de ser un monopolio estatal, es un bien económico como cualquier otro que se provee privadamente. En este mundo irénico, por ejemplo, las agencias de seguridad privadas no tendrían por qué entrar en conflictos entre sí, ya que los consumidores les castigarían dejando de contratar sus servicios. Además, estas agencias no necesitarían regulación, ya que se regirían por la ley, la cual es una expresión directa del derecho natural (Panebianco, 2009, p. 109). Cabe decir que esta teoría ha sido refutada por la propia historia europea, como bien señalan Panebianco y Negro Pavón: durante el feudalismo,[61] efectivamente, surgieron muchas agencias de protección o ejércitos privados que se enfrentaron entre sí durante siglos. Los que sobrevivieron y lograron imponerse en los distintos

---

[61] La historia de la Edad Media japonesa en el período Edo también ofrece ejemplos. Específicamente, al hablar de la formación del shogunato de Tokugawa, también se hace referencia a casi un siglo de guerras civiles entre ejércitos privados que se enfrentaban continuamente por la dominación del territorio, hasta que finalmente un *daimyo* (señor feudal) se impuso por los siguientes dos siglos.

territorios se transformaron, con el tiempo, en los actuales Estados europeos. (Panebianco, 2009, p. 111)

Dice Julien Freund que no hay tal cosa como la "crisis del Estado", más que cuando esta unidad política histórica deje de adaptarse a la sociedad de acuerdo con la evolución de la civilización: todas las teorías e ideologías que proponen la abolición o la superación del Estado, realmente tienen como preocupación esencial consolidar de una forma todavía más racional la estructura estatal, o en su caso instaurarla como el mejor medio para poder hacer frente a los desafíos introducidos por el desarrollo. Mientras la colectividad no rechace en masa seguir pagando impuestos, mientras utilice la moneda de curso legal, resuelva sus conflictos en tribunales de justicia y no deserte sistemáticamente del ejército, no habrá crisis del Estado.

He aquí varios de los ejemplos, acaso de los más radicales y extravagantes, de la ideología de los mercados libres como supresora de la política.

CAPÍTULO V

EL LIBERALISMO ECONOMICISTA: ¿DESPOLITIZADOR O SOBREPOLITIZADOR? LOS PELIGROS DE UN ESTADO ECONÓMICO TOTAL

Dalmacio Negro sostiene que la tradición del realismo político puede sacar al liberalismo de su apoliticismo y de su condición de ideología:

"Una rama principal del liberalismo se ha pasado el tiempo hablando contra la política en nombre de la legislación, la economía, la sociología o la moral. Es, hasta cierto punto, el caso del llamado neoliberalismo[62], que

---

[62] Por *neoliberalismo*, palabra que es un anatema en muchos círculos liberales clásicos y libertarios y que muchos consideran peyorativa, Dalmacio Negro se refiere al propio término utilizado por los integrantes del famoso Coloquio "Walter Lippmann" de 1938, que será considerado como el antecedente de la Mont Pelerin Society de 1947. Sobre esto, escribe Jerónimo Molina Cano que el filósofo positivista francés Louis Rougier convoca a finales de agosto de 1938: "a una selecta representación del mundo empresarial, la alta función pública y los nuevos economistas liberales (Hayek, Mises, Rueff y Robbins entre otros). El objetivo, una vez constatada la declinación de la civilización liberal, era impulsar la renovación del liberalismo

desconfía de la política o simplemente la omite, limitándose a rechazar el abuso del poder, como si la política se redujese al poder y si se pudiera prescindir del poder, y ensalzar lo privado como si se pudiese prescindir de lo público" (Negro, 2021. pp. 57-58)

Sobre esto, también comenta Ángelo Panebianco que para Carl Schmitt el liberalismo está inspirado por un *ethos* que le impide comprender el concepto de "enemigo" y debido a esta incomprensión de la política, precisamente se halla su imposibilidad de dotar de realismo a su visión del Estado (Panebianco, 2009, p. 13). Negro Pavón señalará una confusión conceptual al entender la política en la tradición liberal como el medio para la paz, a diferencia de la concepción schmittiana de la política como enemistad[63]. Dice el autor que no existe tal oposición, ya que la concepción schmittiana corresponde a la política vista desde *lo político*, es decir, desde una esencia permanente. La visión opuesta corresponde a la política entendida desde la tradición moral europea.

---

económico, condición del renacimiento del liberalismo político" (Molina Cano, 2006, p. 207). Sobre la crítica libertaria y del Austrian Economics más actual al "neoliberalismo", leer el artículo breve: "El neoliberalismo nunca estuvo relacionado con el libre mercado", en https://fee.org.es/articulos/el-neoliberalismo-nunca-estuvo-relacionado-con-el-libre-mercado/

[63] Negro Pavón coloca de ejemplo de esta confusión al teórico político italiano Giovanni Sartori quien en sus *Elementos de teoría política* divide el pensamiento político en dos vertientes: la política como guerra (Schmitt) y la política como paz (liberalismo). Ver: Negro, Dalmacio. *La tradición liberal y el Estado*. Madrid. Unión Editorial. 1995, p. 24.

Dentro de esta neutralización de la política como paz, el liberalismo *ridens* usa la religión de los mercados como factor "desnaturalizador" de la política al sintetizarla en la dialéctica entre ética y economía, subordinándola a una suerte de moral individualista y plenamente racional. De hecho, Negro Pavón reconoce que la única admisión del Estado para los liberales es el llamado *Estado de derecho*, noción que describe como una ficción:

> El Estado de derecho, de igualdad ante la ley, asentado en las clases medias, es la única forma de estatalidad aceptable para el liberalismo, en cuanto da por lo menos garantías formales. Por eso se le atribuye como su ideal, aunque, ciertamente, no lo es. No sólo porque contradice la espontaneidad social con la tecnicidad propia de la estatalidad, gravitando sobre la sociedad en vez de surgir de ella, sino porque, por una aparte, implica una concentración tal de poder al identificar Poder y Derecho, que le hace incompatible por definición con el principio de libertad, para la que siempre será un peligro. (Negro Pavón, 1995, p. 215)

De aquí, sostiene Dalmacio Negro, que esta es una de las razones de la constante tensión en el seno del liberalismo entre libertades formales y reales (o como diría Hayek, entre ley y legislación) y la intención de muchas corrientes liberales micro-árquicas y an-árquicas de plantear la libertad individual desde un orden prepolítico, algunas veces apelando directamente al derecho natural (como Rothbard), y la aversión al formalismo jurídico positivista (como Hayek). Lo cierto es que la realidad del *nudo poder* lamentablemente nos muestra que, en la mayoría de casos sobre todo en los más extremos y decisivos, "nunca prevaleció el derecho sobre el poder político" (Negro Pavón, 1995, p. 223). Esta es una de las "verdades intolerables" que aporta el realismo que, aunque perturben la mente del liberal, no deben ser ignoradas, pues las consecuencias de evadirlas son caras.

Otro aporte en ese sentido es el de Julien Freund, quien en su ensayo *El gobierno representativo* (2017), sostiene que, junto a la democracia, el liberalismo constituye una de las deformaciones del gobierno representativo. Más que oponerse al gobierno representativo, como la dictadura o el totalitarismo, el liberalismo tiene elementos en común con el gobierno representativo, pero ha acaparado sus principios y los ha sustituido con éxito provocando toda serie de confusiones, que parafraseamos de seguidas:

a) El gobierno representativo reconoce plenamente la autoridad política, por ende, no es anti-estatal, en el sentido de pedir "menos Estado" o un Estado mínimo. No se opone a las prerrogativas del Estado sino a la concentración de poder. No parte de una desconfianza hacia la política y al Estado como inherentes al orden público. Por su parte, el liberalismo se refugia en el argumento "de que el juego espontáneo de leyes naturales haría surgir por sí solo la armonía entre las relaciones sociales, de modo semejante a lo que sucedería en economía". Esto, según Freund, niega lo político y lleva al liberalismo a abogar por la idea de recortar las funciones del Estado.

b) Para Freund, este "liberalismo desnaturalizado" ha puesto en jaque principios como la legitimidad de la coacción estatal a través de las leyes constitucionales que precisamente buscan proteger a la comunidad política. Y paradójicamente, el liberalismo también ha llegado a tolerar abusos y arbitrariedades en nombre de una "libertad sin límites".

c) Sus premisas lógicas llevan al igualitarismo, al entronizar el individualismo de pretensiones subjetivistas[64] y también produce lo que el autor llama "bulimia legislativa" (exceso de legislación) que busca reglarlo todo por la ley, aún cuando algo no pertenezca al ámbito de las leyes, como, por ejemplo, los usos y costumbres.

A propósito de esto, sobre la negación liberal de lo político, el jurista alemán Carl Schmitt[65] expresa en *El concepto de lo político*:

---

[64] Agregamos, el individualismo igualitarista ha abierto el paso a las actuales políticas identitarias (raciales, sexuales, etc.).

[65] Carl Schmitt suele ser un autor proscrito por los liberales, sin embargo, es interesante acotar que el propio F. A. Hayek, en sus obras jurídicas, resaltó los aportes de Schmitt. En una entrevista de 1978 con Robert Bork, a propósito de su obra *Derecho, legislación y libertad*, Hayek dirá sobre Schmitt, a propósito del declive de la libertad en Occidente (a partir del min 14:21) [traducción propia]: "Toma por ejemplo a un hombre como Carl Schmitt; por mucho, uno de los juristas más brillantes de Alemania, quien vio todos los problemas y terminó en lo que para mí intelectualmente era el lado moral equivocado. Sin embargo, él vio estos problemas más claramente que ningún otro en su tiempo. Esto es, que una democracia omnipotente, solo por ser omnipotente, debe comprar sus apoyos ofreciendo privilegios a un número diferente de grupos. Y el ascenso de Hitler fue precisamente por su atractivo a gran cantidad de grupos. Por ende, puedes tener una situación en donde el apoyo de las grandes mayorías puede llevar a la máxima destrucción de la democracia". Sobre esto, ver: https://youtu.be/Wwq6wrMZHII?t=861

> El liberalismo burgués no fue nunca radical en un sentido político. Pero es evidente que sus negaciones del Estado y de lo político, sus neutralizaciones, despolitizaciones y declaraciones de libertades poseen también un sentido político determinado y se orientan polémicamente, en el marco de una cierta situación, contra un determinado Estado y su poder político. Lo que ocurre es que en realidad no son una verdadera teoría del Estado ni una idea política. Pues si bien es cierto que el liberalismo no ha negado radicalmente el Estado, no lo es menos que tampoco ha hallado una teoría positiva ni una reforma propia del Estado, sino que tan sólo ha procurado vincular lo político a una ética y someterlo a lo económico". (Schmitt, 2009, p. 90)

Así introduce Schmitt su densa crítica al liberalismo, que desarrollará plenamente en el epígrafe 8 de *El concepto de lo político*. Es importante precisar que el antiliberalismo de Schmitt es probablemente de las críticas más originales, pues parte desde un punto de vista bastante más interesante que la de los socialistas utópicos, ya que no apela al terreno moral (predilecto por los socialistas) que acusa al liberalismo de ser un dogma egoísta e indolente ante la pobreza, entre otros calificativos. Schmitt, por su parte, critica al liberalismo desde su sustracción de lo político:

> "El liberalismo del último siglo ha arrastrado consigo una singular y sistemática transformación y desnaturalización de todas las ideas y representaciones de lo político". (Schmitt, 2009, p. 97)

Sin embargo, dice Schmitt, este impedimento de principios no ha evitado que, en efecto, los liberales se involucren en las diversas formas de la política, transformándose social-liberales, nacional-liberales, conservadores-liberales y cristianos-liberales, incluso llegándose a vincular con la democracia, que para Schmitt es la negación del liberalismo, ya que siempre conduce al *Estado total*. De hecho, prosigue Schmitt, del individualismo extremo liberal surge su desconfianza contra todo poder político imaginable (no ya la sola forma histórica estatal). La teoría liberal nacerá, pues, como ya hemos afirmado, de la reacción contra la estatalidad: "y aporta toda una serie de métodos para inhibir y controlar ese poder al servicio de la protección de la libertad individual y de la propiedad privada. Se trata de convertir al Estado en un 'compromiso'" (Schmitt, 2009, p. 98).

Prosigue Schmitt:

> El pensamiento liberal elude o ignora al Estado y a la política de un modo genuinamente sistemático, y en su lugar se mueve en el seno de una polaridad típica y recurrente entre dos esferas heterogéneas, las de ética y economía, espíritu y negocio, educación y propiedad. La desconfianza crítica frente al Estado y a la política se explican a partir de los principios de un sistema para el cual el individuo es y debe seguir siendo tanto *terminus a quo* como *terminus ad quem*. (Schmitt, 2009, p. 98-99)

Dirá Dalmacio Negro que estas nociones individualistas provienen del nominalismo cristiano pasado por el tamiz del humanismo renacentista[66]. Lo cierto es que, bajo esta visión

---

[66] Sobre este punto, consultar el libro de Michael Allen Gillespie, *The Theological Origins of Modernity*, publicado en 2008 por la University of Chicago Press. En la obra, el autor se remonta a las ideas nominalistas a través de la poesía de Petrarca, entre otras manifestaciones, para resaltar el cambio de mentalidad en la Modernidad con la emergencia del individuo y la construcción del "Yo" individualista, que con la aparición del Humanismo y luego la Reforma protestante,

individualista del liberalismo, se extingue incluso la categoría de enemigo, porque la propia noción individualista del hombre privado que se centra en sus propios asuntos sin coacción externa niega de suyo la existencia de un enemigo al que haya que combatir a vida o muerte, aunque él no lo quiera enfrentar personalmente. Sentencia Schmitt:

> Todo el *pathos* liberal se dirige contra la violencia y la falta de libertad (...) Toda constricción o amenaza a la libertad individual, por principio ilimitada, o a la propiedad privada o a la libre competencia, es "violencia" y por lo tanto *eo ipso* algo malo. Lo que este liberalismo deja en pie del Estado y de la política es únicamente el cometido de garantizar las condiciones de la libertad y de apartar cuanto pueda estorbarla. (Schmitt, 2009, p. 98-99)

Por esta razón, comenta Schmitt, el liberalismo se erige sobre una serie de conceptos despolitizados y desmilitarizados. Estos conceptos siempre oscilarán entre la ética y la economía, e intentarán, desde ambos fundamentos, "aniquilar lo político en tanto fuente de la 'violencia invasora'" que altera la sagrada libertad de la esfera individual[67].

---

sentarán las bases de la mentalidad moderna y de sus vástagos ideológicos: el liberalismo y el socialismo.

[67] En este punto es inevitable evocar el famoso discurso de Benjamín Constant a propósito de la libertad de los antiguos frente a la de los modernos porque la despolitización de la sociedad por parte del liberalismo es característica de una concepción de libertad como ausencia de coacción arbitraria de terceros que interfieran con la esfera privada individual. A simples rasgos, el hombre moderno es libre en la medida en que lo dejen tranquilo para perseguir sus fines privados (comercio, ejercicio intelectual, arte, etc.). En el mundo antiguo, el

Sin embargo, curiosamente para los liberales, el ámbito económico del mercado sí es considerado como el más relevante en el dominio de lo real y sus leyes son prácticamente infalibles:

> Que producción y consumo, precios y mercado poseen su propia esfera, y no pueden ser dirigidos ni por la ética ni por la estética, ni por la religión ni, menos aún, por la política, ha sido el dogma más infalible de la era liberal, uno de los pocos verdaderamente indiscutibles. (Schmitt, 2009, p. 100-101)

Agregaremos por nuestra parte: dándole a los mercados y a las relaciones económicas, paradójicamente, un sentido profundamente político, ya que, si todos los órdenes de la vida se subordinan a lo económico, cualquier interferencia en la vida económica *es una agresión* a la libertad individual, que debe ser defendida y preservada a toda costa. Es decir, si se viola la libertad económica, se vuelve legítimo el uso de la violencia. De nuevo, se cumple la premisa freundiana que esbozamos en el capítulo anterior, de que toda despolitización es una sobrepolitización. Con la primacía de los mercados solo se desplaza el "área central" de la política a lo económico, pero de ninguna forma se resuelve la naturaleza polémica de la sociedad. En ese sentido:

> Desde sus comienzos el pensamiento liberal utilizó contra el Estado y la política el reproche de la 'violencia'. Esto no habría pasado de ser uno de esos insultos más o menos inocuos propios de la lucha política si su imbricación en una gran construcción metafísica y la correspondiente

---

hombre solo era realmente libre en tanto se involucrará en los asuntos públicos (política, guerra, etc.).

interpretación de la historia no le hubiesen conferido un horizonte más vasto y una mayor fuerza de convicción. (Schmitt, 2009, p. 100-101)

Es decir, en esa síntesis del relato armónico de la sociedad liberal, este ideal de libertad y razón se asociará al crecimiento económico y la prosperidad en tanto producto de ese "espíritu empresarial" del hombre que había superado por fin los atavismos del Estado absoluto belicista y policial. En este punto, Schmitt hace una precisión sobre Marx, como consecuencia lógica de esa neutralización economicista de lo político (o sobrepolitización de la economía):

> su fuerza de convicción radicaba para el siglo XIX sobre todo en que había seguido al enemigo liberal-burgués en su propio dominio de lo económico y lo había afrontado, como quien dice, en su propio territorio y con sus mismas armas. Esto se hizo necesario desde el momento en que, con el triunfo de la "sociedad industrial", había quedado consolidado y consagrado el vuelco hacia lo económico. (Schmitt, 2009, p. 102)

De manera que, en el siglo XIX, los pensadores liberales creerán fervientemente en la idea de progreso, la cual asociarán, desde la filosofía de la historia, a estadios de la sociedad que van desde la barbarie de la guerra y del Estado militar (la violencia invasora) hasta la civilización de la sociedad comercial. De allí vienen, por ejemplo, las interpretaciones de Herbert Spencer ya comentadas, quien argumenta que la historia es la evolución de la sociedad militar a la sociedad comercial.

De hecho, haciendo un paréntesis en la crítica de Schmitt, en el libro de Ludwig von Mises, *La acción humana*, también esta idea de progreso asociada al intercambio y el comercio está presente en el capítulo X en su teoría del intercambio, al diferenciar entre "vínculos hegemónicos" y "vínculos contractuales":

> Esas dos formas de cooperación reaparecen en todas las teorías sociales. Ferguson las percibía al contrastar las naciones belicosas con las de espíritu comercial; Saint-Simon, al distinguir entre los pueblos guerreros y los industriales o pacíficos; Herbert Spencer, al hablar de sociedades de libertad individual y sociedades de estructura militarista. (Mises, 2011, p. 236)

Por último, Mises ve en el Estado el aparato de compulsión hegemónico por excelencia: "El estado como aparato de compulsión y coerción constituye por definición un orden hegemónico".

En todo caso, cerrado el paréntesis y regresando a Schmitt, la aparición de la Economía como un nuevo orden espiritual y moralizante de la sociedad industrial, neutralizó la supuesta barbarie de la violencia del antiguo régimen feudal:

> "Economía, comercio e industria, perfeccionamiento técnico, libertad y racionalización pasaban por ser aliados, y a despecho de su agresiva implantación frente a los sistemas feudales, reaccionarios y policiales, se los entendía como fundamentalmente pacíficos en oposición a la violencia guerrera". (Schmitt, 2009, 103)

De seguidas, Schmitt argumenta que, sin dudas, uno de los autores liberales más despolitizadores es Benjamín Constant:

> Sigue entonces la caracterización de ambas épocas: la una intenta obtener los bienes necesarios para la vida por medio del entendimiento pacífico (*obtenir de gré a gré*), la otra lo intenta por la guerra y la violencia; ésta es la *impulsión sauvage*, aquélla en cambio *le calcul civilisé*. Dado que ni la guerra ni la conquista violenta están en condiciones de aportar las satisfacciones y el confort que nos proporcionan el comercio y la industria, las guerras no reportan ya ventaja alguna, y hasta la guerra victoriosa es para el vencedor un mal negocio. (Schmitt, 2009, 103)

Si el medio de la economía es el intercambio y el medio del Estado es la compulsión, se llega entonces a una jerarquía de valores donde la sociedad comercial pasa a ser moralmente deseable por encima de lo político. Sobre esto, sentencia Schmitt:

> "la sociedad, como esfera de una justicia pacífica, queda muy por encima del Estado, degradado por su parte a región de inmoralidad y violencia. Se cambian los papeles, pero la apoteosis permanece". (Schmitt, 2009, p. 104)

Para Schmitt, estas son definiciones polarizantes que oscilan entre la ética y la economía y que ayudan muy poco en la supuesta erradicación del Estado que pretenden abolir.

> "Sería más correcto decir que la política ha sido, es y seguirá siendo el destino, y que lo único que ha ocurrido es que la economía se ha transformado en un hecho político y se ha convertido así en 'destino'". (Schmitt, 2009, p. 105)

Schmitt refuta la idea liberal de la pacífica y civilizada sociedad comercial, y sostiene que es errado pensar que una sociedad económica no es belicosa por antonomasia. De allí que coloque como ejemplo a los imperialismos de base económica que aplican políticas de sanciones como bloqueo de créditos, embargo de materias primas o el hundimiento de la divisa extranjera, siendo todos estos medios económicos, no políticos a los demás países que no se alineen a sus intereses. Incluso llegando a medios económicos aún más brutales e inhumanos:

> Hará uso de medios de coacción más severos, aunque desde luego aún 'económicos', medios que según esta terminología seguirán siendo apolíticos y esencialmente pacíficos, como los enumerados por ejemplo en las 'directrices' de la Sociedad de Naciones de Ginebra para la ejecución del artículo 16 del Tratado (núm. 14 de la Resolución de la Segunda Asamblea de 1921): bloqueo de la aportación de medios de vida a la población civil y asedio por hambre. (Schmitt, 2009, p. 106)

Con el ejemplo anterior, volvemos a otra idea central en Schmitt y es que el imperialismo económico no solo dispone de medios económicos, sino también de los medios tecnológicos y científicos para infligir la muerte física con armas tan violentas y destructoras como sofisticadas (pensemos en las armas químicas y nucleares), edulcoradas por la terminología del Derecho internacional como "responsabilidad de proteger", "sanciones", etc., las cuales siempre disfrazarán todas las guerras como "la gran última guerra".

Hasta acá las consideraciones de Carl Schmitt sobre el liberalismo en *El concepto de lo político*, en donde busca evidenciar el peso de *lo político* en las visiones despolitizadoras de los fieles al credo del mercado. Pero también, en una famosa conferencia de 1932[68], Schmitt hará un llamado a la construcción de un gobierno fuerte, en lugar de uno hipertrofiado, para que exista una economía sana. Pero antes de analizar esta conferencia, es importante tener claras las precisiones teóricas de Nicola Mateucci sobre el 'corporativismo'.

Más allá de las definiciones más recientes de este término, Mateucci lo esboza como la actitud de un grupo de interés que busca hacer prevalecer los intereses de la corporación por sobre los intereses del bien común. El corporativismo, además, apunta a que dichas corporaciones siempre serán de carácter económico-productivo (patronales, sindicatos), de manera que fuera de esta clasificación estarían aquellos grupos ideológicos como partidos políticos o grupos religiosos (Mateucci, 2010, p. 201). Para Mateucci, el corporativismo es antiguo y tiene que ver con una visión anti-individualista, en primer lugar, porque en un sistema corporativo no hay un individuo poseedor de derechos, ya que el Estado está compuesto por asociaciones; y, en segundo lugar, el poder soberano lo mantienen los "pactos" de unión de las corporaciones, lo que haría al sistema corporativo una suerte de poder federativo. Dicho de otra forma, el fin del gobierno

---

[68] El año 1932 fue clave en la historia de Alemania, marcado por la crisis económica, violencia en las calles, con las secuales de la crisis de 1929 y la Gran Depresión, y la inestabilidad política con la caída de la República de Weimar y el ascenso del partido nazi. Luego de las elecciones presidenciales, a finales de 1932, la situación de Alemania seguía siendo grave. La incapacidad para formar un gobierno estable, unida al auge de las ideologías extremistas, preparó el terreno para los acontecimientos que finalmente conducirán al nombramiento de Hitler como canciller en enero de 1933. Carl Schmitt ofreció esta conferencia en noviembre de 1932.

corporativo es determinar la asignación de recursos y de distribución de rentas. En ese sentido, según Mateucci:

> "El mercado económico, en el cual antes se resolvían estos problemas, es sustituido por el mercado político, en el cual tiene vigencia la lógica del poder y no del dinero". (Mateucci, 2010, p. 205)

En este punto, Mateucci hace una precisión teórica, partiendo del tipo-ideal weberiano, el cual resulta imprescindible explicar para poder entender la conferencia de Schmitt. A continuación, esgrime la diferencia entre el Estado autoritario y el democrático, calificando al primero como el más fuerte de ambos tipos. En el primer caso, el Estado subordina a las corporaciones a la "dictadura de la planificación" y en el segundo, "son las corporaciones las que separan al Estado mediante una política económica concertada" (Mateucci, 2010, p. 206). En ambos casos, Mateucci usa la terminología más adecuada de *Estado corporativo* para referirse al primer caso y *sociedad corporada* en el segundo. También, en ambas circunstancias el mercado es débil, pues está a merced de los intereses organizados que se legitiman en su poder político, mas no económico.

Cierra Mateucci la explicación acotando que un "Estado fuerte" no equivale necesariamente a un "Estado máximo" y que "Estado débil" tampoco equivale a "Estado mínimo". Esto es importante porque un Estado mínimo puede ser fuerte en cuanto a, primero, la esfera en la que despliega su influencia y, segundo, a la efectividad de su potestad de mando:

125

El "Estado mínimo fuerte" se limita a dar al mercado no fines sino reglas generales del juego y las hace respetar. Con el Estado fuerte, los intereses organizados se mueven en el mercado –según la lógica del mercado– como meros "grupos de interés", que con contratos privados resuelven sus conflictos. Pero , si el Estado es débil, los "grupos de interés" se transforman en "grupos de presión". (Mateucci, 2010, p. 207)

De manera que, aterrizando la explicación teórica a la realidad efectiva de la cosa, analizaremos a continuación la conferencia de Schmitt de 1932. Esta disertación tendrá un gran impacto en los economistas ordoliberales[69] de la Posguerra, que serán los liberales tristes o árquicos por excelencia. Sobre este punto, señala Jerónimo Molina Cano:

> El paradigma realista que C. Gambescia ha denominado "liberalismo árquico" tiene como escritores epónimos a los ordoliberales, atentos desde los años 30 a la responsabilidad de la acción política en la fundación, conservación y desarrollo de las ordenaciones jurídicas económicas. No otro sentido tiene, por cierto, la tesis central de una famosa conferencia sobre el gobierno fuerte y la salud de la economía, dictada por C. Schmitt en Dusseldorf el 23 de noviembre de 1932. Un gobierno hipertrofiado, botín de los

---

[69] Para Molina Cano, la diferencia entre estos ordoliberales y los liberales más economicistas, como los de la escuela austríaca, es que: "para estos últimos, el mercado como *natura naturans* viene a ser la institución natural subyacente a los diversos órdenes de la acción humana, mientras que para los ordoliberales, el mercado –*natura naturata*– es una institución artificial fundada por una decisión política y sostenida por el derecho". (Molina Cano, 2006, p. 207)

poderes indirectos, no es sino la expresión de un Estado total en sentido puramente cuantitativo, incapaz de cumplir su misión política; muy distinto resulta el gobierno intensamente político, correspondiente de un Estado total en sentido cualitativo, cuya misión reguladora de la economía no conviene discutir, pues de hecho se trata de la única instancia que puede evitar la confusión entre política y economía (Vermischung von Wirtschaft und Politik). (Molina Cano, 2014, p. 89)

Comienza Schmitt su llamado a los empresarios, presentando su descripción desde la perspectiva del Estado y *lo político*, más allá de las consideraciones administrativas y económicas de los exponentes que le precedieron. Dice Schmitt que un Estado fuerte es, en una manera particularmente intensiva, una formación política, de la misma forma que "El proceso de despolitización y la creación de esferas libres del Estado es un proceso político" [traducción propia] (Schmitt, 1932, p. 213). Este será su punto de partida.

En ese sentido, dice Schmitt que, más allá de las reformas políticas organizacionales bellamente diseñadas, las fuerzas políticas reales son mucho más relevantes y por esta razón hay que identificarlas de manera precisa y reclutarlas de algún modo. Así, un régimen político debe usar los medios legales disponibles, ya que las posibilidades legales son mucho más fuertes de lo que muchos conjeturan. De allí su énfasis en que se aplique con energía el artículo 48, que en la constitución de Weimar refiere la capacidad del jefe de Estado de adoptar medidas de emergencia o excepción e incluso, si el parlamento anulaba el decreto de emergencia, con el uso del artículo 25 del texto constitucional, el presidente podía disolver el parlamento y convocar a nuevas elecciones[70].

Schmitt refiere que el Estado alemán no ha tenido un logro significativo y que más bien da la impresión general de que se debilita a medida que las circunstancias se vuelven peores y más caóticas. Luego del logro del golpe de estado de Prusia, en el cual el Estado alemán, valiéndose del artículo 48, tomó el Estado Libre de Prusia, dice Schmitt que lamentablemente fue relativizado y paralizado por la decisión de la corte de Leipzig. El autor señala también que allí se halla una amenaza al *Estado fuerte* y es que cuando este exhibe algo de fuerza, rápidamente, todas las facciones interesadas en mantener el *statu quo* se unen, oponiendo resistencia a través de las cortes. Esto hace que en la práctica convivan varios Estados diferentes donde ninguno obedece al poder central; todo esto, además, con la consecuencia de la *política judicial*, como le llama Schmitt a lo que conocemos hoy como la judicialización de la política.

---

[70] Haciendo una digresión, en este punto vale la pena explicar las consideraciones de Schmitt sobre la dictadura, entendida esta como: "La presión que un poder político, exento de limitaciones jurídicas, ejerce para salir de una situación anormal, especialmente una guerra o insurrección". (Schmitt, 2007, p. 103)

El autor dirá que el vocablo ha sufrido una transformación para pasar a usarse de manera peyorativa en cualquier situación donde hay intensidad de mando sin saber que es una institución que viene del derecho romano. Schmitt hablará entonces de la dictadura comisaria, que es aquella donde las facultades excepcionales se mantienen dentro del orden constitucional existente que otorga poderes temporales al dictador, a diferencia de otras dictaduras en donde se suspende el orden constitucional. En este punto, Schmitt elabora más detenidamente sobre el artículo 48 de la constitución de Weimar en sus apartados 2 a 5.

En ese sentido, los métodos de mando y liderazgo y más específicamente, las relaciones entre Estado y economía se vuelven inviables. Esto se debe, según Schmitt, a una confusión que ha plagado el imaginario del mundo en la década posterior a la Primera Guerra Mundial y es el *¡Fuera la política!*, que reza que la solución a todos los problemas es la eliminación de la política y del Estado. De esta forma, todos los asuntos públicos deben ser decididos por los técnicos y los expertos en economía. Para Schmitt, esta despolitización puede ser útil en aplazar o postergar problemas desagradables y cambios necesarios, pero también permiten que cualquier voluntad decidida se agote.

Paradójicamente, esos años de demandas radicales de *no-política*, han desencadenado una *politización* extrema de la economía. Luego de años de intentar reducir el Estado a lo económico, pareciera que la economía se ha vuelto en extremo politizada, bajo la lupa de la tesis schmittiana del *Estado total*. En este punto, el jurista alemán pasa a explicar brevemente en qué consiste esta teoría, partiendo del principio de que "todo Estado está ansioso de adquirir el poder necesario para ejercer la dominación política" [traducción propia] (Schmitt, 1932, p. 216). De manera que todos los Estados han expandido su poder a través de medios tecnológicos-militares. La técnica moderna le da un gran poder a los gobiernos, al punto de que cualquier posibilidad de resistencia se ha evaporado por completo. Cualquier manifestación popular palidece frente al poder coercitivo que tienen los métodos de los Estados contemporáneos.

Asimismo, el desarrollo de los medios técnicos ha posibilitado la proliferación de la propaganda masiva, que ha probado ser más efectiva que la prensa o cualquier medio de influencia de la opinión pública, a pesar de que todavía en Alemania en ese momento existía la libertad de prensa. La fórmula del 'Estado total' describe, pues, al Estado contemporáneo, cuyos nuevos medios de coerción tienen alcances tecnológicos inimaginables de la mayor intensidad.

Sin embargo, hay otra definición de 'Estado total' que puede ser perfectamente aplicada a la Alemania de aquel momento: el Estado que penetra todos los dominios de la existencia humana y que no conoce esferas libres de su dominio porque ya no puede discriminarlas. De manera que: "Es total en el sentido puramente cuantitativo, en el sentido de puro volumen y no en el sentido de la intensidad o la energía política". [traducción propia] (Schmitt, 1932, p. 218)

Para Schmitt, el Estado alemán se ha expandido a extremos monstruosos y penetra todos los asuntos posibles, haciendo que no exista resquicio alguno en donde no esté, pero esta 'totalidad' se halla en oposición a la fuerza. El Estado alemán de la República de Weimar es total, pero débil, al mismo tiempo, en su incapacidad de oponer resistencia a los intereses organizados de las facciones. Es un Estado que agoniza en satisfacer a todos, muchas veces, incluso, intereses simultáneamente contrapuestos. De manera que la expansión del Estado alemán no es una consecuencia de su fuerza, sino de su debilidad.

La politización total de los intereses de todas las facciones con visiones ideológicas totales buscan dominar al Estado y subsumirlo a cada uno de sus intereses de grupo, lo cual lleva a una expansión cuantitativa del Estado que va en todas direcciones; pero esto en el fondo conlleva a la manipulación de las instituciones constitucionales. En este punto, Schmitt toca un punto toral:

"Este monopolio político de una serie de organizaciones políticas fuertes es más importante que cualquier monopolio económico. Estas organizaciones tolerarán un Estado fuerte sólo si este Estado puede ser explotado para sus fines". [traducción propia] (Schmitt, 1932, p. 219)

En la tercera parte de la conferencia, Schmitt expone sus apreciaciones sobre cómo salir de esa situación. La debilidad del Estado ha llevado a una confusión entre Estado y economía y otras esferas no-estatales. Para Schmitt, solo un Estado lo bastante fuerte puede disolver toda esta superposición de intereses y negocios. Dice el jurista alemán que esa transformación tendrá que darse mediante una dolorosa *intervención quirúrgica*, y no mediante un proceso orgánico espontáneo. En ese sentido, repite que un proceso de despolitización de segregación del Estado a una esfera no-política es, en sí mismo, un acto político, ya que parte de una decisión política.

En ese sentido, el Estado alemán debe volver a ser de nuevo un Estado. Para ello, el primer prerrequisito, obviamente, es el establecimiento de una *burocracia* que no esté sujeta o subordinada a los intereses o fines de cualquier grupo particular. La burocracia es incompatible con la política partidista. Es por esta razón que Alemania se ha vuelto la tierra de las compatibilidades ilimitadas, donde intereses diferentes e infinitos se reconcilian con todos entre sí. Así las cosas, una persona puede ser parte de Reichstag, asambleísta provincial, representante del Consejo de Estado, alto funcionario, cabeza del partido, etc. Para Schmitt, esta es precisamente la característica principal de ese Estado total cuantitativo, que ni siquiera se define a sí mismo como Estado, y que ni siquiera se distingue de lo que *no es* un Estado.

A pesar de eso, para Schmitt todavía es posible un Estado fuerte, siempre y cuando la burocracia y las fuerzas armadas no se interfieran ni se politicen. En ese sentido, el sistema democrático-parlamentario de Weimar debe posibilitar la creación de un Estado capaz de actuar, incluso sin piedad, en situaciones de emergencia, siempre y cuando goce del consentimiento de la sociedad. El Estado partidista alemán, en aquel momento, impedía cualquier poder genuino, y de hecho se coligaba ante cualquier intento de construcción de un Estado fuerte, lo cual llevaba al Estado eventualmente a la impotencia y la aniquilación: el resultado era un Estado desmilitarizado completamente débil.

Ahora, para tener una *economía sana*, el Estado fuerte es imprescindible. Explica el autor alemán que ciertas actividades privadas empresariales entre particulares, si bien ocurren en la esfera pública, no son de incumbencia del Estado y que se ha confundido la noción de lo que concierne a la esfera pública, como si todo lo público estuviese sujeto necesariamente a la intervención estatal, de manera que acuñará el concepto de *administración económica autónoma*[71], que lo que busca sintetizar realmente es esa distinción entre la esfera pública y el Estado. Para Schmitt, la mezcla entre economía y política lo que persigue, finalmente, es la obtención de poder económico a través del Estado mediante medios políticos, no económicos. Por eso, la administración económica autónoma (o la autogestión económica) aspira precisamente a separar la economía de la política.

En la Alemania de Weimar, el Estado emerge como agente económico con todo tipo de ropajes: en el derecho público y privado, tesorero, majestad, como compañía de responsabilidades

---

[71] Se pueden discutir los puntos en común que tiene este término con las actuales zonas económicas especiales y las llamadas *free cities*.

limitadas y como accionista. Es aquí donde la *administración económica autónoma* se presenta como una esfera intermedia entre la esfera pública y la economía no-estatal, convirtiéndose en una verdadera alternativa, pues solo un Estado fuerte puede despolitizar decretando ciertas actividades como autogestionadas en una economía libre.

Finalizado el llamado a los empresarios, algunos contemporáneos de Schmitt, como el socialdemócrata Hermann Heller, razonaron que el autor hablaba aquí de un *Liberalismo autoritario*:

> En un estado de excepción en crisis, puede tener éxito una concepción del Estado que, como la de Carl Schmitt, declare insignificantes las reglas y normas y decisiva la excepción. Durante un año y medio, esta concepción ha intentado degradar la autoridad democrática en favor de la autoridad dictatorial del Estado. [traducción propia] (Heller, 2015, p. 296)

Creemos que más que un liberalismo autoritario, la propuesta de Schmitt es precisamente la de un liberalismo consciente de *lo político*, o liberalismo árquico, que busca propiciar mediante una decisión política (decisión que todos podrán acatar solamente si hay un "Estado limitado, pero fuerte") una esfera de libertad económica; a diferencia del liberalismo economicista despolitizado que, por su supuesta apoliticidad, más bien deja que el Estado crezca descomunalmente y sucumba a todo tipo de intereses partidistas.

CAPÍTULO VI

LOS VIOLENTOS MEDIOS DE LA SOCIEDAD INDUSTRIAL Y LA DESPOLITIZACIÓN ECONOMICISTA

Durante la Guerra Civil norteamericana, los estados del norte de la Unión aplicaron, en la última etapa del conflicto, la llamada "guerra total". Es en ese momento cuando el general Sherman pronuncia la famosa frase *I can make Georgia howl* (en español, "Puedo hacer aullar a Georgia"), ejecutando un asedio al bloquear los principales puertos y vías férreas de la Confederación y básicamente matando de hambre a la población hasta la *rendición incondicional* (Schweikart, 2004, p. 360-363).

Antes de la Revolución Industrial, el concepto de "guerra total" como *warfare*[72] era inaplicable[73]. La industrialización solo hizo posible que la guerra y la violencia se sofisticara a niveles insospechados. La aparición de las *guerras industriales*, con la Guerra Civil estadounidense y la Primera Guerra Mundial, engloban una coyuntura crucial en la historia de la guerra, en la

---

[72] Al no haber una traducción específica al español de *warfare*, podemos distinguirla como la rama táctica de la guerra.

[73] Un ejemplo es el fallido "bloqueo continental" entre 1806 y 1814 que Napoléon pretende imponer a Inglaterra.

que se transformó drásticamente la naturaleza del conflicto. Esta época supuso un cambio significativo con respecto a los modos tradicionales de guerra, ya que los avances tecnológicos redefinieron rápidamente los medios y métodos de combate. La llegada de la producción mecanizada, unida a las innovaciones en las comunicaciones y el transporte, marcó el comienzo de una nueva era bélica caracterizada por una letalidad sin precedentes, como reza la frase del escritor estadounidense H. G. Wells en 1917, durante la Gran Guerra: "Hemos descubierto que la organización económica moderna es en sí misma una máquina de combate" (Porter, 1994. p. 12).

El progreso tecnológico industrial tiene otra cara destructiva concomitante: la producción en masa puede ser también un aniquilamiento en masa muy eficiente y profesional de guerra total que no distingue entre combatientes y no combatientes. Como explica el crítico literario George Steiner, a propósito del movimiento Dadá como una alegoría del automatismo con que se infligía la destrucción durante el conflicto bélico:

> Una vez puesta en marcha la complicada maquinaria del alistamiento de tropas, del transporte y de la fabricación de armas resultaba extremadamente difícil detenerla. El mecanismo tenía su propia lógica interna independientemente de la razón y las necesidades humanas. Al atacar el hecho bruto de la causalidad, del tiempo irreversible y del proceso utilitario, el movimiento Dadá, tal como surgió en Zúrich durante los años de la guerra, atacaba en realidad la estructura de la impotente racionalidad que cada día planificaba, autorizaba, justificaba la muerte de decenas de millares de hombres. (Steiner, 1998, p. 39)

La filósofa alemana Hannah Arendt, asimismo, reflexionará que: "la revolución tecnológica, una revolución en la fabricación de herramientas, ha sido especialmente notada en la actitud bélica" (Arendt, 2006, p. 10).

> el simple hecho de que el 'progreso' tecnológico está conduciendo en muchos casos directamente al desastre; que las ciencias enseñadas y aprendidas por esta generación no parecen capaces de deshacer las desastrosas consecuencias de su propia tecnología, sino que han alcanzado una fase en su desarrollo en la que 'no hay una maldita cosa que hacer que no pueda ser dedicada a la guerra'. (Arendt, 2006, p. 28)

Esta es una precisión que el polemólogo[74] Gastón Bothoul hará al observar la destrucción de las dos guerras mundiales:

> los estados guerreros e industriales se complementan a la perfección, pues 'desarrollo industrial y potencia militar coinciden'. Pero no es solo eso: de hecho, 'la industria moderna tiende a organizarse al modo militar'. Precisamente es la 'sorpresa técnica', según el parecer de Raymond Aron, lo que sustenta la descomunal amplificación geográfica y pasional de la guerra, haciéndola además imprevisible. (Molina Cano, 2019, p. 275)

Recientemente, la historiadora india-estadounidense de la Universidad de Standford, Priya Satia[75], hizo un aporte

---

[74] La polemología es el estudio de la guerra y el conflicto.

[75] A pesar de que la autora tiene un evidente sesgo anticapitalista y busca deliberadamente asociar el capitalismo con la guerra (como si antes de la industrialización la humanidad hubiese sido pacífica), el estudio de

historiográfico original que ratifica la idea de que la industria armamentística fue de las más florecientes en la Revolución Industrial y que la pistola hizo más por la industrialización que la máquina de vapor. La historiadora analiza el caso de un cuáquero británico fabricador de pistolas[76] en los siglos XVII y XVIII llamado Samuel Galton Jr., quien se vio compelido a defender su negocio frente a la iglesia de la Religious Society of Friends de Birmingham, que le pedía que lo abandonara para no contribuir en la guerra con la Francia revolucionaria en 1795. Galton, en su defensa, argumentó que todos los ciudadanos de alguna u otra forma contribuían a la guerra, desde los carpinteros, los ebanistas y los cerrajeros, y que en todo caso [traducción propia]:

> "las pistolas eran instrumentos de civilización tanto como de guerra, tan esenciales para preservar la propiedad privada en una sociedad de forasteros cada vez más ambulantes como los pomos de las puertas y las bisagras". (Satia, 2018, p. 1)

Podemos afirmar lo mismo, pero en el sentido contrario: la organización de la fábrica moderna o de la empresa capitalista se inspiró muchas veces en la organización militar y estatal (Porter, 1994, p. 39). De hecho, durante la llamada "revolución

---

caso que presenta es interesante desde el punto de vista del irenismo del *doux commerce* que nos ocupa en este estudio.

[76] La historiadora explica que, a inicios del siglo XVIII en Inglaterra, culturalmente, la pistola era usada específicamente en los conflictos en torno a la propiedad y, al no ser un arma de contacto sino un mecanismo tecnológico de una violencia más impersonal, las pistolas eran entendidas como instrumentos de civilización y de protección a la propiedad privada. Esta concepción cambió a partir de 1790, con las guerras napoleónicas.

de los gerentes" o la *revolución de Sloan*[77], a inicios del XX, la figura del gerente o *manager* fue copiada directamente de la organización militar: el gerente de una empresa, al igual que el capitán de un batallón, tiene un nivel de mando intermedio en el que toma decisiones, posee cualidades de liderazgo y motivación, hace planificación y coordina recursos[78].

A propósito de esto, refieren los historiadores económicos Micklethwait y Wooldridge sobre la Alemania de finales del siglo XIX e inicios del XX [traducción propia]:

> Los capataces de las fábricas eran consultados regularmente por los gerentes (una tendencia que se tradujo en éxitos militares en la Primera Guerra Mundial: (...) El respeto concedido a los gerentes, que gozaban del mismo estatus que los burócratas del sector público (a los directivos de nivel inferior se les llamaba incluso "funcionarios privados"). (Micklethwait y Wooldridge, 2003, p. 94-95)

En ese sentido, Bruce D. Porter afirma, a propósito de la guerra total y Estado colectivista, que "la ametralladora ofrece la metáfora ideal de la guerra industrializada" [traducción propia] (Porter, 1994, p. 196). Producida en 1860 a partir del advenimiento de las partes intercambiables y de las máquinas-herramientas, esta arma aumentó exponencialmente la capacidad de fuego de un solo soldado, volviéndolo capaz de acabar él solo

---

[77] Se refiere al conjunto de cambios y estrategias implementadas por Alfred P. Sloan entre 1923 y 1946 en la General Motors, que tuvieron un impacto significativo en la gestión empresarial en general.

[78] No es extraño que luego de la Restauración Meiji en Japón, durante la segunda mitad del siglo XIX, los viejos señores feudales, o *damyos*, se convirtieran en comerciantes y empresarios una vez depuestas sus armas.

con medio batallón. Para la Primera Guerra Mundial, los complejos armamentísticos industriales se habían convertido en fábricas estandarizadas, con tecnologías de producción en masa, pero organizadas para la destrucción en masa. Para Porter, esto trajo consigo el mayor cambio político desde la Revolución Francesa y las guerras napoleónicas: el reacomodo del mapa europeo luego de 1918, con el colapso de las viejas monarquías e imperios, y el ascenso de una nueva formación política con una capacidad de movilización económica y social sin precedentes: el Estado colectivista, que sería una nueva variante del Estado moderno, caracterizado por una fuerte intervención y por la sociedad de masas. Si bien, desde su aparición, el Estado había sido un instrumento idóneo de movilización militar, a partir de 1914-18, el Estado movilizó toda la capacidad de la sociedad en todos los estratos, todos los recursos fiscales y toda la producción militar para los fines de la guerra.

Sobre esta idea, el francés Julien Freund apunta en su libro, *Sociología del conflicto*: "En estas condiciones se entiende mejor lo ingenua que era la concepción corriente en el siglo XIX sobre los beneficios de la sociedad industrial" (Freund, 1995, p. 91). Así comienza Freund el epígrafe intitulado "La violencia de los sobrealimentados". En este ensayo, Freund explica que esas ideas de la armónica y pacífica sociedad industrial de los ilustrados, emancipada por fin de los atavismos de la barbarie del antiguo régimen militar de guerra y violencia, producto de una economía con un régimen de la escasez, fueron desmentidos por los hechos de la historia. Para Freund, la abundancia, incluso más que la escasez, tiene una capacidad polemógena por excelencia en las sociedades industriales, donde la guerra es un ritual de excesos y despilfarro de recursos:

DOUX COMMERCE?
REFLEXIONES SOBRE LA DESPOLITIZACIÓN ECONOMICISTA LIBERAL

> La sociedad contemporánea ha encontrado nuevas justificaciones para el conflicto. Su propia 'dinámica' hace aflorar una nueva especie de sociedad industrial en la que todo se hace objeto de conflicto. Julien Freund la ha llamado 'conflictuosa' (industrielle Konfliktgesellschaft). En ella se despliega a su aire, a placer y sin apenas obstáculos, la 'violencia de los sobrealimentados' (violence des suralimentés), una violencia 'salvaje, confortable y gratuita'. (Molina Cano, 2019, p. 282)[79]

Freund apunta que, al igual que sus contrapartes liberales, pensadores como Marx y Marcuse también beben de este mito de la total liberación del hombre, producto de la aparición de un régimen de abundancia, solo que, en este caso, únicamente se podrá llegar a él mediante la violencia revolucionaria:

> Cualquier doctrina de este tipo se funda sobre la idea de que los conflictos y la violencia tienen su origen en una etapa histórica de penurias, que las técnicas económicas modernas permiten superar, y en una organización política defectuosa de las sociedades. (Freund, 1995 p. 92)

El problema de este mito es que la violencia tiene su origen en cualquier actividad humana y su disminución o su extensión no depende de modificaciones de las condiciones exteriores de la existencia humana, como la economía, la ciencia, etc. En ese sentido:

---

[79] Recordemos que, en este momento, Julien Freund está viviendo los acontecimientos de mayo del 68, en que jóvenes universitarios privilegiados, que tienen satisfechas sus necesidades y sin ningún tipo de penuria material, desatan una violencia descomunal contra el Estado.

> "la sociedad de la abundancia o del consumo sigue expuesta a la violencia tanto como las sociedades de la escasez, salvo que la violencia se presente en ellas con apariencias nuevas: violencia justificada, premeditada y terrorismo". (Freund, 1995 p. 92)

Esto es lo que Freund ha denominado precisamente *la violencia de los sobrealimentados* o la violencia de las sociedades de la abundancia. Para el francés:

> Sea como sea, si la violencia es inherente a las sociedades, es natural que esté presente al menos de manera latente en cada una de ellas, cualquieras que sean el espacio y la época, el sistema político y económico, o el estado de desarrollo general. Jamás se extirpará totalmente. Todo lo que se puede hacer es mantenerla entre ciertos límites y actuar sobre sus efectos. En esto consiste el papel de la política. (Freund, 1995 p. 92)

La política entonces se encuentra entre los medios que las sociedades han ideado para regular la violencia, al igual que la moral y el derecho. Sin embargo, fue con la aparición del Estado moderno que la violencia potencial le fue arrebatada a los privados. Con la aparición del Estado, corporaciones como el ejército, se encargarán de la violencia que pueden ejercer los externos y la policía, se encargará de la violencia interna, que amenazan ambas con disolver la comunidad política. En este punto, recurre Freund a la enemistad o a la relación amigo-enemigo de Schmitt como el punto definitorio de la violencia:

> El error está en creer que yo no tengo enemigos si no quiero tenerlos. En realidad, es el enemigo el que me elige, y si él quiere que yo sea su enemigo, yo lo soy a pesar de mis propuestas de conciliación y de mis demostraciones de

benevolencia. En este caso, no me queda más que aceptar batirme o someterme a la voluntad del enemigo. (Freund, 1995, p. 93)

La sentencia de Freund en ese sentido es lapidaria: "Incluso el sistema jurídico mejor elaborado es impotente ante un deseo de búsqueda deliberada de la violencia y del conflicto" (Freund, 1995, p. 93). De allí la importancia de la política y su papel tutelar mediante la concertación, la negociación, la conciliación e incluso la capitulación, entendida siempre como el medio que limita las manifestaciones de violencia que amenazan a la comunidad y esto lo puede hacer solo mediante la autoridad del Estado:

"El Estado moderno es la institución que, a raíz de las recomendaciones de Richelieu, ha quitado el derecho a la violencia a las instituciones privadas, para que lo use en exclusiva la autoridad pública". (Freund, 1995, p. 94)

Max Weber definirá al Estado en términos políticos y no jurídicos como una organización político-administrativa que reivindica en un territorio el monopolio del uso legítimo de la violencia. Lo que completará el análisis de Weber es precisamente el concepto de Constitución (por cierto, proveniente de la tradición liberal inglesa), que básicamente tiene "por finalidad determinar mediante la ley en qué condiciones el Estado puede recurrir legítimamente a la violencia, con el fin de evitar que se haga de ella un empleo arbitrario" (Freund, 1995, p. 94). De manera que, según Freund, toda controversia sobre el Estado será una controversia sobre el monopolio de la violencia. En este punto cabe otra consideración que ya han asomado tanto Freund como Schmitt: ¿no será que detrás de la supuesta apoliticidad de los defensores acérrimos del *laissez-faire*, no se halla realmente el deseo de instrumentalizar el Estado para sus fines? A propósito de esto, escribe Isaiah Berlín en la introducción de *Cuatro ensayos*:

> La defensa de la no-interferencia (como darwinismo social) fue utilizada, por supuesto, para apoyar tácticas políticas y socialmente destructivas, que dieron armas a los fuertes, brutales y sin escrúpulos, contra los débiles y humanitarios, y a los que eran agraciados y despiadados, contra los menos dotados y menos afortunados. La libertad de los lobos frecuentemente ha significado la muerte de las ovejas. No es necesario subrayar hoy día –creo yo– la sangrienta historia del individualismo económico y de la competencia capitalista sin restricciones. (Berlín, 1988, p. 47)

Para Berlín, la idea de que el ejercicio de la libertad individual conduce a la armonía de intereses, como una suerte de meta final, es falsa y parte de una concepción equivocada del mundo:

> los fines humanos chocan entre sí, porque no se puede tener todo al mismo tiempo. De donde se sigue que la idea misma de una vida ideal en la que nunca sea necesario perder o sacrificar nada que tenga valor, y en la que todos los deseos racionales (o virtuosos, o legítimos de cualquier otra manera) tengan que poder ser satisfechos de verdad, no es solamente una idea utópica, sino también incoherente. (Berlín, 1988, 53)

Prosigue el autor:

> Moverse en un mundo carente de fricciones, deseando solamente lo que uno puede conseguir, sin estar tentado por posibilidades diferentes, y no persiguiendo nunca fines que

sean incompatibles, es vivir en una fantasía coherente. Presentar esto como el ideal es querer deshumanizar a los hombres y convertirlos en esos seres que nos presenta la célebre pesadilla totalitaria de Aldous Huxley, a los que se les ha lavado el cerebro y se encuentran satisfechos de todo. (Berlín, 1988, p. 54)

Es lógico que los liberales, defensores de la sociedad industrial, reprochen la violencia y la guerra, ya que estas siempre atentan contra los fines de la producción y del capital, además de que contrastan con las teorías liberales como la de Herbert Spencer, vista en páginas anteriores, que afirman que la humanidad ha subido una grada civilizatoria transformándose de una sociedad militar a una industrial. Mientras que la sociedad militar tiende a ser cerrada y autárquica, la sociedad industrial representa su antítesis, al ser abierta y cooperativa. De allí las tesis pacifistas e irenistas que ven a la guerra como un atavismo anacrónico que está destinado a desaparecer entre los estados "civilizados". Lo cierto es que, por lo menos desde *Las guerras del Peloponeso*, de Tucídides, el factor económico ha sido una de las tantas causas legítimas de la guerra. ¿No luchaban también atenienses y espartanos por el control de recursos y rutas comerciales? Los liberales *ridens* se empeñan en situar lo político, el Estado y la guerra, como fuera del ámbito de las relaciones económicas:

> Ludwig von Mises ha subrayado las correlaciones entre intervencionismo, socialismo y guerra. El militarismo y la guerra promovidas por el socialismo son para Mises una expresión más de lo que llama 'destruccionismo' social (destrucionism) que puede y debe ser removido. Por otro lado, el 'camino de servidumbre' denunciado por F. A. Hayek no sólo conduce al socialismo total, sino también,

en su opinión, a la guerra. Las referencias a la naturaleza polemógena de cualquier forma de intervencionismo menudean hasta hacerse inabarcables en economistas políticos como Murray N. Rothbard y su discípulo Hans-Hermann Hoppe. Estos introducen una noción del conflicto –del cual la guerra solo es una variante– basada en la violación de los derechos naturales. (Molina Cano, 2019, p. 281)

Estos maximalismos, que beben más de la utopía que de la realidad, son los que impiden a muchos liberales hoy en día entender las complejidades de lo político y la política, a la cual profieren toda clase de reproches del orden moral:

> como recordaba Aron, si bien es justo criticar al gobierno de una sociedad libre por algunas detenciones ilegítimas, está claro que la institucionalización de la arbitrariedad revela la esencia de un sistema totalmente distinto. Este razonamiento, que a un neoliberal radical le puede parecer inaceptable, es en realidad el producto de una máxima de prudencia: las políticas de máximos –o la libertad absoluta o no hay libertad– son propias del pensamiento utópico. (Molina Cano, 1997, 96)

De manera que el liberalismo no es más que un modo más de entender la política en un momento histórico determinado; es una instancia (la política), pues lo político es inexorable a la condición humana:

> Aristóteles decía bellamente que la política se fundaba en la urgencia del vivir. Es razonable admitir que problemas/urgencias como los de la violencia, los de la ambición, los de la deslealtad y tantos otros se darán también en el paraíso de las libertades, lo mismo que se

dieron en las patrias soviéticas. Creyeron lo contrario quienes, como los socialistas, aspiraron a sustituir la política por su ideología. (Molina Cano, 1997, 96)

Según Molina Cano, la situación histórica del liberalismo puede estar enmarcada en una suerte de reacción o *crisis de la estatalidad*. En este punto, toda una serie de ideologías de distinto cuño, se presentan con el ropaje de "liberales", como es el caso del *economicismo*. Para Molina, el economicismo es un error intelectual de raíces historicistas y marxistas que parte de que la economía es la acción humana primordial y que de ella parten todo el resto de manifestaciones de lo humano: lo político, lo religioso, lo estético. Más allá de que el materialismo histórico marxista pareciera estar completamente refutado por la historia, también da la impresión de que los liberales económicos más acérrimos beben de un nuevo tipo de materialismo. En este punto, Molina Cano se refiere a la llamada escuela austríaca de Economía, principalmente en su apostolado del siglo XX, con Mises, Hayek y Rothbard. Por ejemplo, para esta corriente de pensamiento económico el sistema de precios no puede ser dirigido por la mente humana, ya que esta es incapaz de tener todo el conocimiento disperso de un orden social complejo. Si bien Mises refutó teóricamente al socialismo por la imposibilidad del cálculo económico al tener un sistema de precios intervenido que dependía exclusivamente de la decisión política; lo cierto es que la consecuencia lógica que se extrae de sus postulados es precisamente: "la eventual imposición política de valoraciones económicas" (Molina Cano, 1997, p. 113).

¿Es el socialismo un "error intelectual" de mentes confundidas que *no saben* cómo funciona un mercado sin interferencias? ¿O los regímenes socialistas buscaron más bien de forma deliberada imponer políticamente un sistema económico tutelado por la decisión política a sabiendas de los efectos nocivos de los controles de precios por decreto, las devaluaciones, la inflación y la escasez artificial premeditada? Aunque estos resultados puedan parecer contraproducentes desde una perspectiva orientada al mercado, no son simplemente el resultado de errores intelectuales o malentendidos sobre su dinámica. Más bien, reflejan una priorización consciente sobre los resultados impulsados por la eficiencia de las fuerzas del mercado. Las motivaciones que subyacen al socialismo no son una cuestión de *mala educación económica*. Esto es una creencia ingenua de los liberales economicistas sobre la *apoliticidad* de la economía:

> ni el dirigismo económico ni el liberalismo han resuelto el problema de la guerra. Ha sido la guerra la que ha encontrado su motivación en uno u otro (...) Carl Schmitt es muy claro al respecto cuando escribe sobre las neutralizaciones económicas de lo político y la inexorable politización de los sucesivos centros de gravedad del espíritu. La guerra es el gran camaleón político de la historia. (Molina Cano, 2019, p. 283)

Lo cierto es que la historia demuestra que ni el liberalismo ni el socialismo –diría Julien Freund "las dos especies de la sociedad industrial-capitalista"–, a pesar del mito del fin de la política que los rodea, han podido evitar o desaparecer la guerra, ni mucho menos transformar la naturaleza polémica y animosa del hombre en una raza superior, pacífica y civilizada.

CONCLUSIONES

HACIA UN LIBERALISMO NO IDEAL, SINO POSIBLE

Entonces ¿por qué fracasan los liberales? No es porque los políticos no entiendan el valor subjetivo o la utilidad marginal, ya que el político siempre buscará soluciones de naturaleza política a los problemas sociales. El saber económico es clave si queremos vivir en sociedades ricas, con excedentes materiales y con necesidades básicas satisfechas, pero a fin de cuentas el conocimiento económico siempre será rebasado por los fines de la política y la autonomía de lo político. El problema estriba entonces en que los propios liberales han abandonado la política y renegado de ella, refugiándose en lo que hemos denominado una "teología economicista despolitizadora".

El fracaso del liberalismo es haberse convertido en un credo moralista y apolítico que propugna la supremacía de los mercados y haber sucumbido presa del libertarianismo o *liberismo* en cualquiera de sus variantes. El llamado liberalismo clásico, antaño defensor de la libertad individual, el gobierno limitado y la autonomía personal, se vio atrapado en la paradoja de su propia cosecha.

El papel fundamental que jugó el liberalismo en la configuración de los Estados-nación en el siglo XIX, fue abandonado tras el fin de la Primera Guerra Mundial. A medida que avanzaba el siglo XX, y en nombre del predominio de los principios económicos, lo que ocurrió fue un distanciamiento de la acción política. Este repliegue hacia una religión de libre mercado llevada al extremo dio lugar a una creencia dogmática: que por sí solo el capitalismo del *laissez-faire* resolvería todos los problemas sociales y políticos, ignorando las particularidades sociológicas y culturales de cada nación. Este estrecho enfoque, centrado en la omnipotencia de los mercados y la consecuente abolición del Estado, de hecho, ha conducido a la demolición progresiva de las instituciones políticas liberales, como el Estado de derecho, la igualdad ante la ley, el gobierno representativo, etc., como si estos principios existieran en el vacío, sin un sustento político-jurídico que los hace posibles y los concreta en la realidad. Esta despolitización (y, a la vez, sobrepolitización) de decir que cualquier interferencia institucional a los mercados es una agresión violenta, y por ende, socialismo, también ha hecho que los liberales (cautivos de los *libertarians*) caigan en la inmovilidad política, dando paso a la irrelevancia, al quedar relegados a pequeñas sectas minoritarias dentro de la academia y a posturas locuaces y controversiales en la opinión pública.

Las líneas que hemos escrito no pretenden ser una apología de la violencia. Sin embargo, no porque repudiemos moralmente el conflicto y la enemistad, significa que estos desaparecerán de la faz de la Tierra. Tampoco estas líneas buscan negar los inmensos beneficios del crecimiento económico en los últimos dos siglos y medio de libertad económica. Acaso lo que hemos querido es poner en relieve los mitos que nos repetimos a nosotros mismos desde cualquier trinchera ideológica (en este caso, la liberal), que obnubilan nuestro entendimiento de la realidad política.

Parafraseando a Gambescia, los hechos no son ni liberales ni socialistas; son hechos: un político liberal tendrá que negociar salarios con sindicatos gubernamentales o subir impuestos luego de una crisis de liquidez y un político socialista tendrá que rescatar a algún banco de la quiebra, pedir un préstamo a un órgano multilateral o firmar algún tratado de libre importación con una potencia económica. Esas son las exigencias del poder, más allá de los postulados de los libros de economía política que abordan siempre la espinosa cuestión social desde los tipos ideales y, en los casos más extremos, desde imperativos morales.

Sabemos que el socialismo bebe tremendamente de la utopía, pero el debate teórico de los socialistas fue de alguna forma "superado" por la teoría leninista de la revolución en los primeros años del siglo XX, que dotó al socialismo de acción política y de una vocación de poder aterradora. Antes de Lenin, el socialismo era algo propio de "profetas desarmados". Con esto no decimos que los liberales tengan que embarcarse en el sendero de la praxis revolucionaria, pero sí entender que la acción política es más que aplicar recetas económicas en el vacío y dejar que "la mano invisible" de las fuerzas del mercado hagan el resto. La política es decisión, enemistad y momentos de intensidad de mando.

En estas páginas, también nos hemos adentrado en un viaje a través de la interacción entre el liberalismo y la cautivadora noción del fin del conflicto (y, por ende, de la política) en las sociedades comerciales. A lo largo de nuestra exploración, hemos abordado la evolución de la dinámica social y el persistente encanto del credo moderno de un mundo armonioso nacido de la cooperación y la abundancia económica.

No ha sido otra cosa, más que lo que Isaiah Berlin llamaba el "sentido de la realidad" lo que ha iluminado nuestro camino, guiándonos hacia una profunda comprensión de las limitaciones inherentes de los postulados que beben del mito del fin de la política. La compleja red de experiencias humanas, el mosaico de la diversidad cultural y las siempre cambiantes arenas de la practicidad nos han recordado que cualquier ideología, por muy atractiva que sea en teoría, debe tener en cuenta la 'roca muda' de la realidad contra la que se estrellan los idealismos de todo cuño.

Si bien el liberalismo ofrece un marco potente para las libertades individuales y la prosperidad económica, debe permanecer vigilante frente al encanto del utopismo. El canto de sirena de un mundo sin conflictos, logrado mediante el intercambio de bienes e ideas, es un faro que puede guiar a las sociedades hacia la cooperación y el progreso. Sin embargo, la historia nos ha enseñado que la marcha hacia este estado armonioso está plagada de intereses en conflicto y dinámicas de poder que no pueden ignorarse o dejar a la suerte porque "el mercado hallará la armonía de intereses de forma eficiente". Frente a esa candidez, siempre estará el poder ejercido por quien sí esté dispuesto a imponer su mando sobre los demás.

Nuestra conclusión, por lo tanto, no es un rechazo de los ideales del liberalismo. Como dice Dalmacio Negro, la política, tal y como se entiende en Occidente, es "liberal", en el sentido de un liberalismo político, no a un liberalismo reducido a ideología economicista o de otro tipo. Por el contrario, es un llamado a un enfoque prudente, profundamente arraigado en la comprensión del conocimiento práctico. Esto significa, parafraseando a Berlín, un abordaje en el que los ideales no se abandonan, sino que se mantienen en diálogo con las complejidades del mundo tal y como es, no como *debería ser*.

Un liberalismo que no solo sea posible sino perdurable debe reconocer los matices de la experiencia humana. Debe reconocer que, aunque el comercio y la cooperación pueden fomentar la paz y el bienestar material, no son garantías en sí mismos. Con estas reflexiones, el objetivo es invitar a captar la brillantez de los ideales liberales y a apreciar al mismo tiempo la sabiduría del conocimiento práctico, que siempre nos proporciona la historia. También incitar a cultivar una comprensión del mundo con *frónesis*, evitando el atractivo de las soluciones simplistas que abrazan dogmáticamente la danza del progreso, en lugar de atemperarla con la realidad.

Solo a través de este compromiso inquebrantable con la realidad podremos acercarnos a un futuro que resuene tanto con las aspiraciones del idealismo de los bisoños de la política, como con las de la contingencia que nos impone la verdad efectiva de la cosa.

EPÍLOGO

El tema desarrollado en este escrito parte de una indagación intelectual personal a raíz de los cursos que inscribí en la Escuela de Posgrado de la Universidad Francisco Marroquín, en la ciudad de Guatemala. En primer lugar, con Andrés Rosler, eminente jurista argentino, en un curso sobre Thomas Hobbes, donde por primera vez me acerqué a textos de autores formidables como Quentin Skinner y Roger Scruton. Y, en segundo lugar, por dos cursos del jurista, historiador y polemólogo español Jerónimo Molina Cano, que versaban sobre Carl Schmitt y Julien Freund, en donde pude adentrarme en el paradigma realista del liberalismo (también llamado *liberalismo triste*) de la mano de otros autores como Dalmacio Negro y Carlo Gambescia.

Si bien me aproximé a las ideas de la libertad cuando aún me encontraba estudiando mi pregrado en Venezuela, y en ellas encontré un estímulo y un antídoto a la realidad abyecta que estaba viviendo bajo el socialismo chavista, me di cuenta rápidamente de que muchos de los postulados de varios autores liberales (no se diga ya de libertarios y anarcocapitalistas) distaban de la realidad política e incluso denigraban de toda acción política, tildándola de profesión deshonrosa y sucia, apelando a argumentos de orden moral que más bien convertía sus posturas en irrelevantes en la discusión pública y en la arena de lucha por el poder. La conclusión a la que llegué en aquel momento, pero que no sabía expresar en palabras todavía, era que una maquinaria con la vocación de poder del chavismo solo podía ser enfrentada con una intensidad política equivalente.

Solo pude poner estos cuestionamientos en orden cuando, desde el exilio en Guatemala, decidí dedicarme a entender el poder (mejor dicho, *lo político*) desde el ámbito de la historia de las ideas y entré en contacto con estas lecturas que he intentado sistematizar de alguna forma, para procurarme mis propias respuestas, en las páginas anteriores.

Al momento de escribir estas páginas, el economista Javier Milei acaba de tomar posesión de la Presidencia de la República luego de ganar de forma avasallante las elecciones presidenciales en Argentina. Sobre este hecho solo podemos decir que el mundo se encuentra a la expectativa de este interesante experimento político que se planteará en ese país en los próximos años, más solo podrá tener éxito si efectivamente entiende *el peso de lo político*. Pero si se huye hacia adelante sirviéndose de la ficción despolitizadora libertaria, se tratará de otra oportunidad perdida.

Alejandra Carolina MARTÍNEZ CÁNCHICA.

Ciudad de Guatemala, enero de 2024.

REFERENCIAS

—**Bibliográficas**:

ARENDT, H. *Sobre la violencia*. Alianza Editorial. Madrid. 2006.

____. *Sobre la revolución*. Alianza Editorial. Madrid. 2013.

BASTIAT, F. *La Ley*. Atl. Foundation for Economic Education. Georgia, 2023.

BERLÍN, I. *Cuatro ensayos sobre la libertad*. Madrid. Alianza Universidad. 1988.

____. *El erizo y la zorra*. Barcelona. Muchnik Editores. 1998.

BURKE, E. *Reflections on the Revolution in France*. Kansas, USA. Digireads.com. 2009.

DENEEN, P. *¿Por qué ha fracasado el liberalismo?* Madrid. Ediciones Rialp. 2018.

EPSTEIN, R. *Skepticism and Freedom*. Chicago. The University of Chicago Press. 2003.

ESCOHOTADO, A. *Los enemigos del comercio*. Madrid. Espasa. 2018.

FREUND, J. *La esencia de lo político*. Madrid. Editora Nacional. 1968.

_____. *Sociología del conflicto*. Madrid. Ministerio de Defensa. 1995.

_____. *¿Qué es la política?* Buenos Aires. Struhart & Cía. 2003.

_____. *El Gobierno Representativo*. Madrid. Ediciones Encuentro. 2017.

FUKUYAMA, F. *¿El fin de la historia? Y otros ensayos*. Madrid. Alianza Editorial. 2015.

_____. *Liberalism and its discontents*. New York. Farrar, Straus & Giroux. 2022.

GAMBESCIA, C. *Liberalismo triste. Un recorrido de Burke a Berlin*. Madrid. Encuentro. 2015.

GARCÍA-PELAYO, M. *Los mitos políticos*. Madrid. Alianza Editorial. 1982.

GONZÁLEZ FERRIZ, R. *La trampa del optimismo. Cómo explican los años noventa el mundo actual*. Barcelona. Penguin Random Debate. 2019.

GILLESPIE, M. A. *The Theological Origins of Modernity*. Chicago. University of Chicago Press. 2008.

HAYEK, F. A. *Camino de servidumbre*. Madrid. Alianza Editorial. 2007.

_____. *Los fundamentos de la libertad*. Madrid. Unión Editorial. 2013.

HAMILTON, Alexander; MADISON, James; JAY, John. *The Federalist Papers*. Amazon.com

HOPPE, H. *A theory of socialism and capitalism*. Auburn, Alabama. Mises Institute. 2010.

____. *Monarquía, democracia y orden natural*. Madrid. Unión Editorial. 2012.

Huerta de Soto, J. *Socialismo, cálculo económico y función empresarial*. Madrid. Unión Editorial. 2014.

Judt, T. *Algo va mal*. Barcelona. Taurus Penguin Random House. 2106.

Matteucci, N. *El Estado moderno. Léxico y exploraciones.* Madrid. Unión Editorial. 2010.

McCloskey, D. N. *Why Liberalism Works: How True Liberal Values Produce a Freer, More Equal, Prosperous World for All*. Yale University Press. 2019.

McCloskey, D. N. y Mingardi, A. *The Myth of the Entrepreneurial State*. AIER/ Adam Smith Institute. 2020.

Méndez López, G. *¿Guerras de religión o la historia bajo juicio?* Guatemala. Serviprensa. 2018.

Micklethwait, J., Wooldridge, A. *The company. A short history of a revolutionary idea*. New York. Modern Library Editions. 2003.

Mises, L. *Liberalismo. La tradición clásica*. Madrid. Unión Editorial. 2011.

____. *La acción humana. Tratado de Economía*. Madrid. Unión Editorial. 2011.

Molina Cano, J. *Raymond Aron, realista político*. Madrid. Ediciones Sequitur. 2013.

____. *Gastón Bothoul. Inventor de la polemología*. Madrid. Centro de Estudios Políticos y Constitucionales. 2019.

____. *Contra el mito de Carl Schmitt*. Sevilla. Ediciones Espuela de Plata. 2019.

MONTESQUIEU, C. L. S. *El espíritu de las leyes*. Trad. Norberto Marea Ruiz. 6 de septiembre de 2021. Kindle edition.

NEGRO PAVÓN, D. *La tradición liberal y el Estado*. Madrid. Unión Editorial. 1995.

____. *Historia de las formas del Estado*. Madrid. El Buey Mudo. 2010.

____. *Liberalismo, iliberalismo. Artículos políticos (1989-2013)*. España. Los papeles del sitio-Molinagambescia. 2021.

RAMOS ALLUP, H. *Reflexiones sobre el liberalismo*. Caracas. Editorial Alfa. 2019.

OPPENHEIMER, F. *The State*. Acton (Massachusetts). Copley Publishing. 1994.

READ, L. *Anything that's peaceful*. Atlanta, GA. FEE.org. 1964.

RODRÍGUEZ BRAUN, C. *Estado contra mercado*. Madrid. Taurus. 2012.

ROMERO, A. *Obras selectas*. Caracas. Editorial Equinoccio. Universidad Simón Bolívar. 2010.

RÖPKE, W. *Más allá de la oferta y la demanda*. Madrid. Unión Editorial. 1996.

ROSENBLATT, H. *The lost history of liberalism. From ancient Rome to the twenty-first century* . Oxford. Princeton University Press. 2018.

ROTHBARD, Murra. *Man, Economy and State with Power and Market (The Scholar's Edition)*. Auburn, Alabama. Mises Institute. 2009.

____. *An Austrian perspective of the history of economic thought*. Vol. I y II. Auburn, Alabama. Mises Institute. 2010.

ROSLER, A. *Razones públicas. Seis conceptos básicos sobre la república*. Buenos Aires. Editorial Katz. 2018.

____. *La ley es la ley. Autoridad e interpretación en la filosofía del derecho*. Buenos Aires. Editorial Katz. 2019.

____. *Estado o revolución Carl Schmitt y el concepto de lo político*. Buenos Aires. Editorial Katz. 2022.

____. *Si quiere una garantía, compre una tostadora. Ensayos sobre punitivismo y Estado de derecho*. Buenos Aires. Editores del Sur. 2022.

PANEBIANCO, A. *El poder, el Estado, la libertad. La frágil constitución de la sociedad libre*. Madrid. Unión Editorial. 2009.

PINKER, S. *The better angels of our nature. Why violence has declined*. New York. Penguin Books. 2012.

____. *Enlightenment now. The case for reason, science, humanism and progress*. New York. Penguin. 2018.

PORTER, B. *War and the rise of the State. The military foundations of modern politics*. New York. Simon & Schuster. 1994.

SARTORI, G. *Elementos de teoría política*. Madrid. Alianza Editorial. 1992.

SATIA, P. *Empire of Guns. The Violent Making of the Industrial Revolution*. Standford University Press. 2018.

SCHMITT, C. *El concepto de lo político*. Madrid. Alianza Editorial. 2009.

____. *El concepto de lo político*. Texto de 1932 con un Prólogo y tres Corolarios de Carl Schmitt. (Traducción de Denés Martos). 1963.

____. *La Dictadura*. Madrid. Revista de Occidente. 1968.

SCHWEIKART, L. *A Patriot's History of the United States*. New York. Penguin- Sentinel. 2004.

SCRUTON, R. *Fools, Frauds and Firebrands. Thinkers of the new left*. London. Bloomsbury. 2017.

SMITH, A. *La riqueza de las naciones*. Madrid. Alianza Editorial. 1996.

SOREL, G. *Reflexiones sobre la violencia*. Buenos Aires. La Pléyade. 1978.

SPENCER, H. *The Principles of Sociology*. 2nd Edn, Vol. 1. London: Williams and Norgate. 1877.

STEINER, G. *En el Castillo de Barba Azul. Aproximación a un nuevo concepto de cultura*. Barcelona. Gedisa. 1998.

____. *Nostalgia del absoluto*. Madrid. Ediciones Siruela. 2005.

VALDERRAMA ABENZA, J. *Julien Freund. La imperiosa obligación de lo real*. Murcia. Sociedad de Estudios Políticos de la Región de Murcia. 2006.

VARGAS LLOSA, M. *La llamada de la tribu*. Madrid. Alfaguara Penguin Random House. 2018.

WEBER, M. *El político y el científico*. Madrid. Alianza Editorial. 1979.

____. *Economía y sociedad*. México. Fondo de Cultura Económica. 2002.

ZIZEK, S (2008). *Violence. Six sideways reflections*. New York. Picador Books. 2008.

—**Artículos y ensayos:**

ALVARADO ANDRADE, Jesús María. "Liberalismo y Libertarianismo: Reflexiones Críticas". *Revista Laissez-Faire*, No. 47 (Sept 2017): 19-42.

BUCHANAN, James. "Política sin romanticismos". Caracas. *Cuadernos de CEDICE*. N° 12. S/F.

FREUND, Julien. "Doctrina política, doctrina social y doctrina económica". FIDES (2021).

____. "La cuestión social" (1981-82).

____. "Algunas ideas sobre lo político" (1972).

GARCÍA-PELAYO, Manuel "Idea de la política". *Cuadernos del Instituto de Estudios Políticos*, 13, Universidad Central de Venezuela, Facultad de Derecho, Caracas, 1968.

HAYEK, F. A. "Individualismo: el verdadero y el falso". Duodécima Finlay Lecture en la University College de Dublín, en diciembre de 1945. *Estudios Públicos*.

HELLER, Hermann. "Authoritarian Liberalism?" *European Law Journal*, Vol. 21, No. 3, May 2015, pp. 295-301.

HIRSCHMAN, Albert O. "Rival Interpretations of Market Society: Civilizing, Destructive, or Feeble?" *Journal of Economic Literature*, Dec., 1982, Vol. 20, No. 4 (Dec., 1982), pp. 1463-1484. American Economic Association.

MARTÍNEZ CÁNCHICA, Alejandra. "Liberalismo liberal vs. Liberalismo estatista en la tradición anglosajona". *Revista Fe y Libertad*. Vol. 2, N.° 2 (julio-diciembre 2019): 89-100© 2019.

____, "Isaiah Berlin, un liberal antiutópico". *Revista Laissez-Faire*, No. 56-57 (Marzo-Sept 2023): 1-16.

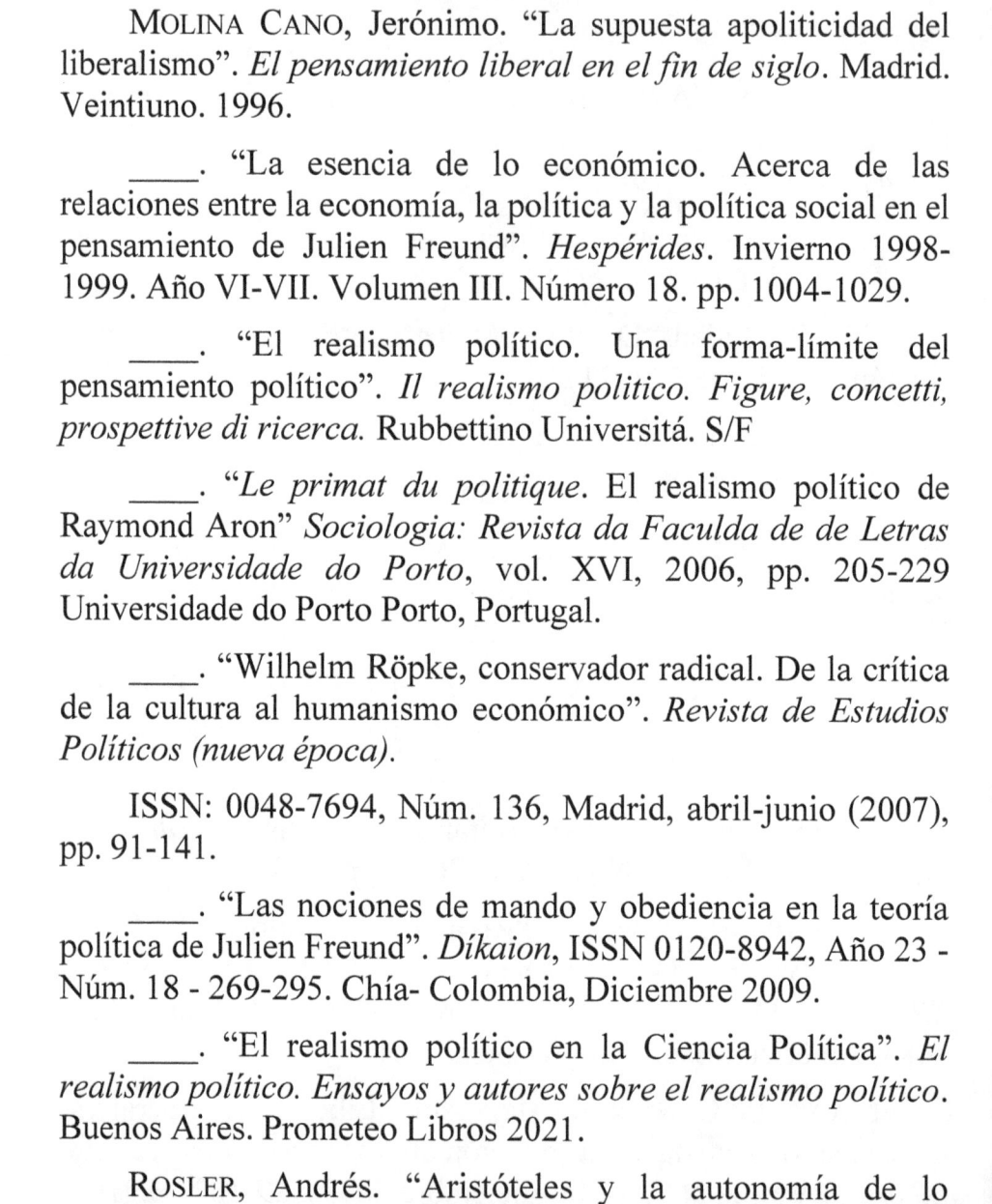

MOLINA CANO, Jerónimo. "La supuesta apoliticidad del liberalismo". *El pensamiento liberal en el fin de siglo*. Madrid. Veintiuno. 1996.

____. "La esencia de lo económico. Acerca de las relaciones entre la economía, la política y la política social en el pensamiento de Julien Freund". *Hespérides*. Invierno 1998-1999. Año VI-VII. Volumen III. Número 18. pp. 1004-1029.

____. "El realismo político. Una forma-límite del pensamiento político". *Il realismo politico. Figure, concetti, prospettive di ricerca*. Rubbettino Universitá. S/F

____. "*Le primat du politique*. El realismo político de Raymond Aron" *Sociologia: Revista da Faculda de de Letras da Universidade do Porto*, vol. XVI, 2006, pp. 205-229 Universidade do Porto Porto, Portugal.

____. "Wilhelm Röpke, conservador radical. De la crítica de la cultura al humanismo económico". *Revista de Estudios Políticos (nueva época)*.

ISSN: 0048-7694, Núm. 136, Madrid, abril-junio (2007), pp. 91-141.

____. "Las nociones de mando y obediencia en la teoría política de Julien Freund". *Díkaion*, ISSN 0120-8942, Año 23 - Núm. 18 - 269-295. Chía- Colombia, Diciembre 2009.

____. "El realismo político en la Ciencia Política". *El realismo político. Ensayos y autores sobre el realismo político*. Buenos Aires. Prometeo Libros 2021.

ROSLER, Andrés. "Aristóteles y la autonomía de lo político". *Avatares filosóficos*. Revista del Departamento de Filosofía UBA. N° 2. 2015.

_____. "Un reaccionario de izquierda: Julien Freund y "La esencia de lo político"". *La Vanguardia.* 10 de julio de 2018.

SCHMITT, Carl. "La dictadura". *Revista Empresas Políticas.* N° 8. Primer semestre 2007. pp. 103-107.

_____. "El Estado como concepto concreto vinculado a una época histórica". *Revista Pensamiento y Cultura Veintiuno.* N° 39. Otoño 1988.

_____. "Hacia el Estado total". *Revista de Occidente.* N° 32. 1931.

_____. "Strong State. Sound Economy: An Address to Business Leaders". *Carl Schmitt and Authoritarian Liberalism.* British Library. 1998.

—**Revista Elementos de Metapolítica:**

https://archive.org/details/elementos_201907/01.%20ELEMENTOS%2BN%C2%BA%2B1/

- N° 19.   Carl Schmitt. Poder de decisión
- N° 44.   Meditaciones sobre lo político. Maquiavelo, Sorel, Weber, Schmitt, Strauss, Aron, Freund
- N° 66.   Carl Schmitt y la crítica del liberalismo
- N° 84.   Julien Freund. Lo político en esencia

Printed in the USA
CPSIA information can be obtained
at www.ICGtesting.com
CBHW022106100924
14060CB00036B/421